環境変化とリスクマネジメントの新展開

上田 和勇 編著

序　文

商学研究所叢書刊行にあたって

　専修大学商学研究所は、2001（平成13）年に創立35周年記念事業の一環として、研究所員及び学外の研究者、実務家などとの産学協同的な研究を志向するプロジェクト・チーム研究をスタートさせ、その研究成果を広く世に問うために「商学研究所叢書」の公刊を開始した。それ以降、既に10巻が公刊されている。商学研究所叢書シリーズ第11巻にあたる本書は、『環境変化とリスクマネジメントの新展開』と題して、リスクマネジメントと企業経営との関連を、企業の復元力、無形価値の戦略化、全社的リスクマネジメントにおける戦略リスクの問題、グローバル企業のガバナンス・リスク問題、リスクマネジメントの国際規格の問題といった観点から包括的に検討したものである。

　2011年3月11日に東日本大震災が発生して以降、我々は、大地震そのものの被害だけでなく、大津波の被害や原発事故による放射能汚染への対応を今もなお迫られている。本プロジェクト・チームによる研究は、2008年度から2010年度にかけて実施されたことから、災害リスク問題については明示的に取り上げられていないが、根底にある考え方から多くを学ぶことができる。その意味で、本書の刊行はまさに時機を得たものといえよう。

　本書が学内外の多くの関係者に知的刺激を与えるとともに、本研究所にも知的フィードバックをもたらすような触媒となることを祈念している。本研究所の活動は、海外の研究機関との共同研究、民間企業との産学連携型共同研究など、多様な広がりをみせている。プロジェクト・チームによる研究も継続的に行われており、今後も商学研究所叢書シリーズとして刊行される予定である。こうした諸活動が、いっそう活発化することを願っている。末尾になるが、本プロジェクト・チーム所属のメンバー各位、及び同チームの活動にご協力いただいた学内外すべての方々に厚くお礼申し上げたい。

2012年3月

専修大学商学研究所所長　　渡辺達朗

まえがき

　2011年はまさに激動の年であった。3月11日に発生した約2万人に及ぶ犠牲者を出した東日本大震災は地域住民，市町村，企業，国に対し，普段からのリスクマネジメントの重要性をたたきつけたのである。マグニチュード9.0の未曾有の大地震は津波被害を引き起こし，それが原子力被害へと連鎖していき，いまだに完全収束の段階に達していない。

　本書はこうした激しい環境変化が生じる前，具体的には2008年度から2010年度の2年間に及ぶ専修大学商学研究所プロジェクトの研究成果の一部である。7回に及ぶ研究メンバーとの研究会は大震災発生前の年に行われたこともあり，災害リスクに関する問題について研究者間での討議は十分に行われていない。しかし各研究者の持っている問題意識について，現代企業にかかわるリスクとリターン及びそのマネジメント問題と企業価値との関連について，自由闊達な議論が展開できた。これも参加メンバーのご協力はもちろんのこと，こういう機会を提供していただいた専修大学商学研究所のご協力のお陰であり，この場を借りて編者としてお礼を申し上げたい。

　本書には6本の論文が掲載されている。以下，各論文のポイントを述べるとともに，本書の特徴を述べてみよう。

　第1章は企業の復元力と持続可能性に大きな影響を与えるリスクやチャンスのマネジメントのあり方を検討している。言い換えれば企業の復元力と持続可能性そして経営リスクのマネジメントにかかわる検討である。企業経営は，外部環境変化に対し，企業の内部資源を活用しながら柔軟に適応し，企業価値の持続可能性を高める活動である。外部環境変化への内部資源の活用による適応が好ましくなければ，企業価値は低下，衰退し，最悪の場合，破綻する。その逆の場合は，企業価値向上の可能性が高まる。

　企業ではその復元力と持続可能性を高めるために，企業ビジョン，企業目標とリスクの関係について理解し，外部環境の変化に適応しながら内部環境を調整しつつ，リスクのコントロール力とリスクのファイナンス力をいかに効果的にミックスさせるかが重要となる。2011年3月11日の東日本大震災が企業に

与えた問題も含め，激しい環境変化の中で企業の復元力と持続可能性を高めるために，リスクマネジメントに何ができるかを明確にしようとしているのが第1章である。

第2章では，企業の資産のうち無形財（インタンジブルズ）を戦略的に構築すること，すなわちインタンジブルズ・マネジメントのフレームワークを検討している。具体的には，インタンジブルズの1つとしてレピュテーションを取り上げ，インタンジブルズの定義と研究アプローチの検討，事例を用いたレピュテーションの測定，企業価値とレピュテーションの関係，レピュテーションとバランスト・スコアカードの関係，ブランド価値の測定について検討している。こうした検討の後，インタンジブルズのマネジメント・フレームワークに関して，価値観変革とフレームワークのあるべき姿を提案している。

第3章では，企業リスクのうち，重要な戦略リスクのマネジメントの問題に関して，全社的リスクマネジメント（Enterprise Risk Management；以下ERM）との関連などを含め，企業における戦略リスクの問題とERM導入の問題を関連させながら検討している。例えば，次のような問題意識のもとで，それらの問題が検討されている。ERMのフレームワークには戦略策定プロセスが含まれていないのであろうか。仮にそうだとしたら，それはなぜか。ERMにおける戦略リスクの重要性からして不可解なことであり，そのような観点から代表的なフレームワークを検討している。具体的にはERMと経営戦略との関連，ERMの企業内における内部化の問題，トップのERMへのコミットメントの問題などが検討されている

第4章は，グローバル企業のガバナンス・リスクに対するリスクマネジメントの方向性を検討している。主な論点としては，「グローバル企業では，制度・規制の限界を克服するための関連当局による制度・規制への対応と同時に，企業統治の観点から，ガバナンス問題へのリスクマネジメントが重要課題となっている」点を指摘している。具体的には，制度規範であるハードロー（裁判所でその履行が強制されるような諸規範）のみならず，経営者の倫理観を含む企業独自のソフトロー（裁判所でエンフォースされない規範）としての社会規範の構築が要請されている点などである。最後に，企業事例研究を行いながら，企業内のソフトローの構築として，グローバル企業のガバナンス・リスクに対するリスクマネジメントの方向性としてのフレームワークを提案している。

第5章では，第4章と類似のグローバル企業のリスクマネジメント問題を検討している。具体的には，グローバル企業が企業価値向上を図るためのグローバル経営について，RMの視点から焦点を絞り，マネジメントの現地化の構築，企業の持続的成長を図るためには，経営者の意思決定がいかに重要であるか，また，好ましいグローバル企業文化の醸成などの点についてその考察範囲を広げ，これらと企業価値の向上との関連性などについて検討している。また，今後，グローバル企業が真のグローバル企業へと発展していくためには，組織のリーダーが何を実行するべきかなどについても検討している。

　第6章では，リスクマネジメント規格を発端として，いくつかの関連規格の国際的な動向について触れながら，国際的なレベルで期待される企業のリスクマネジメントの姿を，企業の社会的責任，特に顧客である消費者の安全に着目した施策や戦略の面から検討している。こうした検討の背景には，企業経営においても国際的に期待される経営像には，これらの国際的な社会規範を無視して進むことは考えられず，したがって，いくつかの国際規格等を参照しながら，企業経営に期待される側面，特に重要なステークホルダーである消費者の安全や期待をどのように配慮し，構築していく姿が望まれてきているという問題意識がある。

　以上の6つの章のポイントの説明からわかるように，本書『環境変化とリスクマネジメントの新展開』は，リスクマネジメントと企業経営との関連を，企業の復元力，無形価値の戦略化，全社的リスクマネジメントにおける戦略リスク問題，グローバル企業のガバナンス・リスク問題そしてリスクマネジメントの国際規格の問題などの視点から検討したものである。リスクマネジメントが企業経営の復元力や企業価値を左右する重要な概念であり方法であることが，関係者にご理解いただけ，本書がその一助となれば幸いである。

　末尾になるが，参加の研究メンバー諸氏，専修大学商学研究所，そして白桃書房の大矢栄一郎氏のご協力に対し，改めて謝意を申し述べるものである。

2012年1月

編著者　上田和勇

目次

序文……i

まえがき……iii

第1章 企業の復元力とリスクマネジメント
―概念と事例―

1 はじめに ………………………………………………… 1
2 リスクマネジメントを効果的にするためのキー・コンセプト ‥ 2
3 リスクは繰り返す―学習の文化の醸成 ………… 4
4 リスクは変化する―柔軟な文化の醸成 ……… 12
5 リスク直視,ビジョン,柔軟な思考で復元
　　―苦境を克服した今治のタオル会社 ………… 23
6 企業の復元力を上げる指標とアプローチ―おわりに …… 27

第2章 企業価値創造のインタンジブルズ・マネジメント―キリンホールディングスの事例研究―

1 はじめに ………………………………………………… 31
2 インタンジブルズの定義と研究アプローチ …… 33
3 レピュテーションとブランドの先行研究 ……… 34
4 キリンホールディングスの事例研究 …………… 38
5 インタンジブルズ・マネジメントの検討 ……… 49
6 まとめ …………………………………………………… 51

第3章 経営戦略とリスクマネジメント
―ERMのフレームワーク，デローチからISO 31000まで―

1　はじめに …………………………………………………… 57
2　ERMのフレームワーク …………………………………… 58
3　経営戦略論 ………………………………………………… 68
4　ERMの三次元モデル ……………………………………… 74
5　結びにかえて ……………………………………………… 79

第4章 グローバル企業のガバナンス・リスクマネジメント
―ハードローの限界とソフトローの重要性―

1　はじめに …………………………………………………… 87
2　グローバル企業のリスク発生環境とリスク要因の分析 … 88
3　制度・規制によるモニタリングと歴史的循環 …………… 98
4　モラル・ハザード現象と予防策のパラドックス ………… 105
5　グローバル企業のガバナンスとリスクマネジメント …… 112
6　結びにかえて　―ガバナンス・リスクマネジメントのフレームワーク― ……………………………… 127

第5章 グローバル企業における経営戦略と経営者の意思決定

1 はじめに …………………………………………………… 133
2 企業の経営戦略について ………………………………… 134
3 企業における戦略リスクと経営者の意思決定 ………… 137
4 グローバル企業の経営戦略の変化 ……………………… 141
5 企業価値向上につながる経営者の意思決定 …………… 145
6 結びにかえて ……………………………………………… 150

第6章 リスクマネジメント規格と社会的責任規格 −中核的課題である対消費者の問題を例として−

1 はじめに …………………………………………………… 157
2 国際標準としてのリスクマネジメント規格 …………… 158
3 社会的責任規格にみるステークホルダーへの説明責任 …………………………………………………… 169
4 企業の製品安全対策と規格 ……………………………… 180
5 おわりに …………………………………………………… 188

第1章 企業の復元力とリスクマネジメント
―概念と事例―

1 はじめに

　17世紀の大航海時代,英国の劇作家シェイクスピアは戯曲『アテネのティモン』の中で,「人生とは不安定な航海のようなものである」と述べている。当時,香料諸島に艦隊を派遣した場合,船員の三分の一が生きて帰還すれば運が良い方だったといわれている状況を思えば当然の言葉であろう。

　大航海時代の船員が帰還できない確率に比べ,現代企業の存続率はもっと厳しく,会社設立後10年以上存続している企業は最近の国税庁の調査ではわずか6.3％程度である。また企業の規模に関係なく,日本と欧州の企業の平均残存年数はわずか12.5年という調査結果もある。

　約400年前の大航海時代と現在の企業を取り巻くリスク環境には雲泥の差があり,新たなリスクが企業価値に多大な影響を与えているとしても,こうした現代企業の倒産率をみると「企業経営は人生よりも不安定な航海のようなものであり,リスクとチャンスの不連続な連続である」ということがいえよう。

　本稿は企業の復元力と持続可能性に大きな影響を与えるリスクやチャンスのマネジメントのあり方を追求している。言い換えれば企業の復元力と持続可能性そして経営リスクのマネジメントにかかわる検討である。企業経営は,外部環境変化に対し,企業の内部資源を活用しながら柔軟に適応し,企業価値の持続可能性を高める活動である。外部環境変化への内部資源の活用による適応が好ましくなければ,企業価値は低下,衰退し,最悪の場合,破綻する。その逆の場合は,企業価値向上の可能性が高まる。

　企業ではその復元力と持続可能性を高めるために,企業ビジョン,企業目標

とリスクの関係について理解し，外部環境の変化に適応しながら内部環境を調整しつつ，リスクのコントロール力とリスクのファイナンス力をいかに効果的にミックスさせるかが重要となる。企業の復元力と持続可能性を高めるために，リスクマネジメント（以下，RM）に何ができるかを明確にすることが本稿の最終目的である。

2 リスクマネジメントを効果的にするためのキー・コンセプト

　企業や組織のRMをより効果的にし，企業の持続力，復元力を上げるには，いくつかの重要なコンセプトがある。そのコンセプトは主にリスクの特徴を理解するとともに，過去の企業経営の失敗，ガバナンスの失敗をみてきたことから生まれたものである。最初にそれらをキー・コンセプトとして概観するが(図表1-1参照)，本稿では紙幅の都合上その一部を示し，事例とともに企業の復元力の源泉を検討する。

　企業の復元力，持続力に関するコンセプトのうち，第一に重視すべきは，リスクには繰り返すという特徴がある点から，RM上は「過去の失敗に学ぶ」というコンセプトである。

　例えば地震リスクにしても，日本では明治（1872年）から2011年に至るまでの139年間で，マグニチュード6.8以上で，100人以上の死者が出た大地震は20回生じている。6.9年に1回の大地震の発生である。リスクがもたらす損害の大きさは他の要因により変化するが，リスクは形を変えて世界中で繰り返し発生している。過去の災害リスクが企業経営に与えた影響やリスク対応上の問題点，リスク情報の共有上の問題点など，災害リスクのみならず繰り返し発生する企業の不正や倫理リスクにおいても，企業のRMにおいて過去の歴史に学ぶ意義は非常に大きい。そこで本稿では「過去の失敗に学ぶRM」として雪印乳業及び東京電力の事例を検討する。

　第二点は過去の失敗に学ぶとともに，「将来起こりうるリスクを自問自答し，柔軟な思考でリスク対応，RMを行う」ことの重要性である。リスク及びRM

第1章　企業の復元力とリスクマネジメント

図表1-1　企業の復元力にかかわるキー・コンセプト

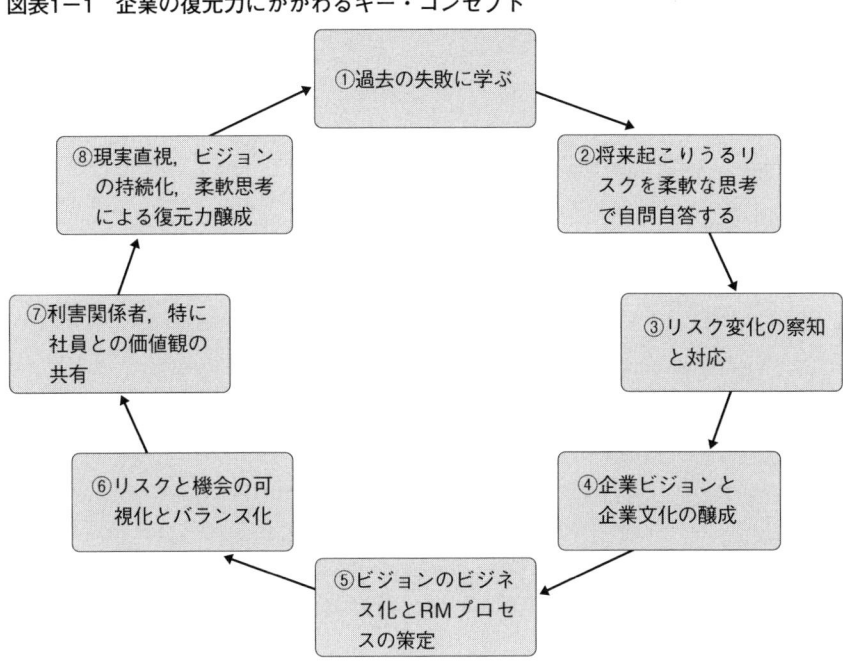

の歴史を単に歴史の中にとどめるのではなく，教訓を学び取り，次に生かす工夫と柔軟な思考が重要である。この視点にかかわる事例は東日本大震災時のディズニーランドの対応とグローバル企業のコマツである。3月11日から12日にかけてとられたディズニーランドの入場者への対応はRM上，特に柔軟な対応という点で示唆に富む。また，コマツの現実直視，部品の標準化，ITの活用による柔軟思考と関係者との信頼向上によるリスクマネジメントは，それによって同社は2度の危機を乗り越えてきており，企業の復元力を検討する際，有意義な事例である。

　企業に復元力と持続力をつけるRM思考の第三のコンセプトは，「企業トップが社員と相互理解できる経営ビジョンを策定し，それを軸とした経営が行われているか否か，そしてその中でのトップのリスクやRMへの理解，トップによるRM思考の企業内への醸成が行われているか否かという視点」である。企業ビジョンや理念が必要な理由をRMの視点からいうと，それは企業にピンチ

や危機が生じたとき，言い換えれば重大なリスクが生じたときに，会社としてどういう対応や思考をすべきかの原点に戻らせてくれる，できるだけ迅速に復元してくれるバックボーンになるものが企業ビジョンや理念であるからである。

本稿では愛媛今治の中小企業であるタオル会社に焦点を当てて，企業の復元力に必要な諸要素を浮き彫りにする。

本稿最後では，いくつかの事例研究を通じていえる企業の復元力のフレームワークを示すとともに，その具体的な指標について検討する。

3 リスクは繰り返す―学習の文化の醸成

リスクには「繰り返す」という特徴があるだけに，そのリスクを効果的にマネジメントするには，過去の失敗に学ぶ，言い換えれば企業内に学習の文化が醸成されている必要がある。ここではその事例として雪印乳業と東京電力を取り上げる。

（1）雪印乳業の事例：過去に2度の事故，不祥事，不正によりブランドを失墜させ，その後，倫理的なカルチャーを構築している例[3]

（沿革）

1925年酪農家による出資で北海道販売組合設立，バター製造，1926年商標「雪印」決定，創業の精神は「健土健民」[4]。その後アイスクリーム，チーズ，マーガリンの製造，1950年雪印乳業株式会社を設立。

（最初の事故）

1955年3月，東京の9つの小学校で1,900人以上の学童の食中毒発生。原因は北海道の工場で停電が頻繁に発生し，雪印の脱脂粉乳にブドウ球菌が発生したため。これを含んだ牛乳を飲んだ東京都内の小学生の間で食中毒が発生したのである。このときの雪印の対応は早く，食中毒発生の翌日，社長はすべての製品販売を中止。その翌日には東京都からブドウ球菌の検出を告げられ，製品回収を指示した。新聞への謝罪広告，工場での原因究明にあたる。事故発生から1週間で原因究明した。その後，品質検査を強化し，品質向上を社是にし，

同社の企業文化の中心にしていった。同社はそれ以降，日本最大の牛乳，乳製品メーカーに成長していくが，同時に同社を取り巻く外部環境，特にプライベート・ブランドの登場などにより，トップブランドの雪印も価格引き下げのためのコスト削減努力が強く求められてきた。そうした市場環境が進む中，1回目の事故から45年後，2回目の不祥事が起こる。

（2回目の不祥事）

2000年4月1日北海道の同社工場で1本の大きなツララが落下し，下の電気室の屋根を突き破り，それが原因で約10時間の停電発生。冷却装置が停電のため稼働せず，汚染された脱脂粉乳が製造され，毒素が残存したまま大阪工場に送られ，それを原料とする低脂肪乳が製造販売された。

6月27日1人の消費者から雪印牛乳を飲んだ家族が下痢と腹痛を起こしたという電話が西日本支社消費者相談室に入る。同じ電話が和歌山からも入り大阪保健所にも入った。28日大阪保健所は雪印大阪工場に立ち入り検査を行う。

同社の役員にこの報告が入ったのは28日。この段階で製品回収や社告はない。社長に報告されたのは29日，29日の朝製品の自主回収を決め，同日夜，記者会見で低脂肪乳における食中毒を公表。回収の社告を行ったのは30日の朝だった。この間にも同社製品を飲む消費者は当然，増大し続けている。

7月1日には被害者は6,000名を超え，最終的には1万3,420人の犠牲者となった。戦後最大の食中毒事件である。北海道の工場におけるツララ落下が原因であり，この脱脂粉乳の一部が大阪工場で低脂肪乳の製造に使用されたことがわかったのは8月中旬であった。

（経営への影響）

製品回収コスト163億円，7月の販売は前年同期比で88％落ちる。売上げ3,600億円減，市場シェアは6月の約40％から10％足らずに低下。1999年の純益33億円は2001年516億円の赤字に。その後の同社の株価の推移については下記の通りである（図表1－2）。

（不祥事の背景，原因）

北海道の大樹工場で脱脂粉乳の製造中に停電し，毒素を持つ黄色ブドウ球菌が繁殖したのが，この事故の直接の原因であった。しかも，この脱脂粉乳の一部が大阪工場で平然と低脂肪乳の製造に使用されたのである。この食中毒事件がなぜ1万3,420人もの被害者を出すにいたったかについては，次のような背

図表1-2 雪印乳業の株価の推移（2000年～2008年）

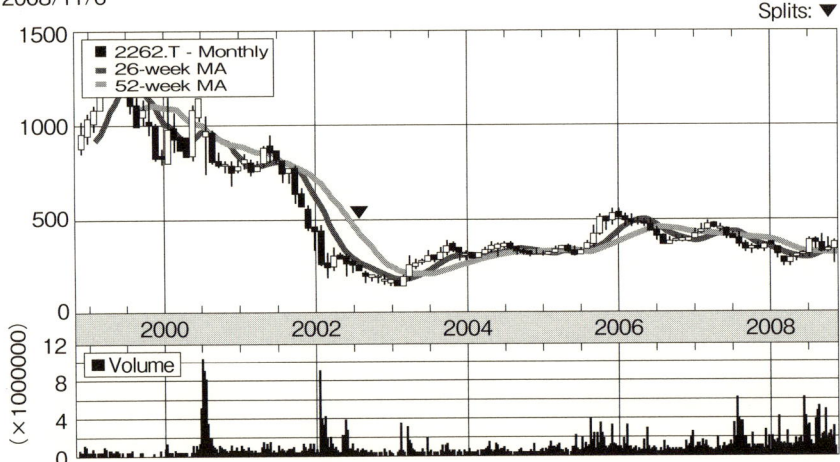

出所：Copyright (C) 2008 Yahoo Japan Corporation.

景や要因があった。[5)]

① 効率性追求の重圧の中で，非倫理的作業手順から逃れられなくなった。例えば，製品を生産したその日に納品する仕組みをD0デリバリーといい，製品検査の時間的余裕がなくなり，食中毒のリスクが高まる。こうしたことが製造日の改ざん，返品された牛乳の他製品への使用，業務記録の改ざん，衛生基準違反などを生み，こうしたやり方から逃れられなくなった。

② 上級役員によるリーダーシップのなさ，つまり利益目標のみならずゆるぎない倫理基準を定め，目標達成の道筋を照らし出せる人々がいなかった。

③ 順守すべき事項と必ずしも法律違反ではないが必ずしも好ましい企業行動とはいえない事項との間にグレーゾーンがあり，そこに厳しい競争環境や目標達成の重圧が加わり，低きに流れた。

④ 失敗を許容せず，さらには失敗そのものを認めることができない「企業文化」を持つ会社だった（柔軟な文化がない）。大問題の発生を認めるどころか，自分たちで問題を隠蔽できるという誤信と自社製品に問題があったことを公に認めることへの強い抵抗があった。こうした好ましくない企業風土が被害

を拡大させた。
⑤　長い間不法行為が潜行していた。学習を拒んだ。

　1955年の食中毒事故と45年後の2000年のそれとには，皮肉にも同じ停電事故により大量の食中毒が発生したという共通要素がある。停電の原因は自然災害ではあるが，その後の対応の違いが被害者の数を増大させ，後者を更なる人災へと化していった。James Reasonは，安全な文化の構築には，①正義の文化，②学習の文化，③柔軟な文化，④報告の文化が必要だというが，雪印乳業にはこれら4つすべてが45年間のうちになくなっていたといえる。

　同社設立時の創業の精神は「健土健民」すなわち「酪農は土の力を豊かにし，その上に生きる生命を輝かせます。その結果つくられた乳製品は，人々の健やかな精神と身体をはぐくみます」は完全に忘れ去られていた。

　2002年には雪印乳業の子会社である雪印食品（1950年設立）は牛肉偽装事件を起こす。この背景には2001年に発生した狂牛病問題があり，日本政府が米国牛の輸入を禁止し，同時に国は国際牛肉買い取り制度による助成を始めたことがある。雪印食品はこの制度を悪用し，安いオーストリー産牛肉13.8トンに国産ラベルを張り，差額を着服，補助金を取得していた。その額は約1億9,600万円に上る。雪印食品の株価は2000年の600円から，150円に低下し，2002年には同社は倒産に至る。

　雪印乳業の子会社の不正とはいえ，同じグループにおける問題であり，企業のガバナンスの問題は特定企業のみではなく，関連会社，子会社も含めた対応が必要になる。

　2002年から2009年まで同社の社長にあった高野瀬忠明社長は，雪印を復活再生させるのは，創業の精神である「健土健民」しかないと肝に銘じ，次のような消費者重視経営を打ち出して同社の復活・再生に取り組んでいく。

＊企業倫理醸成の施策
- 社外の視点によるチェック機能の導入：企業倫理委員会，消費者部会，モニター制度
- 社風の改革，意識の改革：行動基準の策定と定着への取り組み
- 安全確保の仕組みの構築：新システムの導入，商品安全保証室，品質部会
- 危機管理体制の構築：お客様センター，ホットライン，危機管理体制
- 情報の開示

（2）東京電力の事例

①2002年8月発覚の東京電力福島第一，第二原子力発電所における点検記録改ざん問題

(不正の概要)

　2000年7月，東京電力の福島第一原子力発電所，福島第二原子力発電所，そして柏崎刈羽原子力発電所の3発電所計13基の点検作業を行ったアメリカ人技術者が，通商産業省（現経済産業省）に原発トラブル隠しがあることを内部告発した。それから約2年後の2002年8月29日，東京電力による自主点検記録の不正問題が，原子力安全・保安院から公表された。その内容は1980年代後半から90年代にかけて実施された自主点検作業時に，点検結果や修理作業等に関して，29件の不正記載等（部品のひび割れを隠すなど）が行われたことなどである。

　これに対し，東京電力は2000年から2002年に至るまで，約2年間も「記憶にない」，「記録にない」などと非協力的な態度を示したが，2002年8月に至り初めて認め公表した。

　筆者は2003年に刊行した拙著『企業価値創造型リスクマネジメント』の中で，ALARP原則[6]との関連で，当時の東京電力の不正について次のように述べた。[7]

> 　この事例は2002年に発覚した東京電力の原子力発電所の点検記録改ざん（ひび割れの報告がない，修理に関する虚偽の報告など16箇所が不適切）に関するもの。このことで原発への信頼をなくし，原発の全面停止にいたる。そのことにより首都圏の電力危機が問題となっている。原子力事業には多くのリスクやコストが考えられ，そのリスク制御にかかわる企業側のコンプライアンス問題が原因。換言すればコンプライアンス問題を含めた過少なリスク制御といえる。そのため東京電力の原発全面停止そのことによるコスト負担の増大により企業価値を著しく低くした。同時に特に首都圏の停電が消費者に与える広範な社会的マイナス影響（社会的価値の低下）が考えられる。
> 　この事例はリスク制御問題が東京電力だけの企業価値の低下で終わらず，公共の利益までをも巻き込んでいる。リスクを可能な範囲まで下げて，便宜を追求するというALARP原則も原子力リスクという巨大リスクに結びつくリスクゆえに，特に適正なリスク制御のレベルを企業はもちろん，国，行政が十分に考慮しなければならない。

東京電力の点検記録に関する不正はこれまでも組織的に行われていたといわれている。こうした東京電力の問題点は，点検記録の改ざんに始まり，それが組織ぐるみであったこと，情報開示への抵抗など組織内部のガバナンスの問題が根にある。

前にみた食品業界の雪印乳業にしても，原子力発電という東京電力にしても，安全性確保という至上命題がクリアーされてはじめて経営が成り立つ。安全な文化の醸成には，①正義の文化，②学習の文化，③柔軟な文化，④報告の文化が必要だと述べたが，東京電力においてもこれら4つが欠けていたといえる。

こうした状況の結果，東京電力は，「しない風土」「させないしくみ」への取り組みの柱として次の「4つの約束」を2003年に公表し，その後「いい出す仕組み」を付加して再発防止を目指す旨公表した。

第一の約束：情報公開と透明性の確保
第二の約束：業務の的確な遂行に向けた環境整備
第三の約束：原子力部門の社内監査の強化と企業風土の改革
第四の約束：企業倫理遵守の徹底

果たしてこうした約束は，その後，実行されていったのだろうか。

②2007年新潟県中越沖地震により東京電力柏崎刈羽原子力発電所で発生した火災，放射性物質の漏れ

2007年7月16日マグニチュード6.8の地震（新潟県中越沖地震）が発生し，死者15人，負傷者2,345人の犠牲者がでる。この地震により，東京電力柏崎刈羽原子力発電所3号機変圧器から火災が発生した。この3号機の火災現場には職員ら4人が駆けつけたものの，現場近くにあった消火用配管が壊れていた。このため職員らによる消火活動は行われなかった。また，地震の影響で地元消防署との専用電話は使用できず，消防隊の到着が遅れたために出火より2時間近く経ってようやく鎮火した。東京電力側は初期消火の体制，連携などに不手際があったことを認めた。

その後の調査で，少量の放射性物質の漏れが確認された。漏れた量は自然に存在する放射性物質に比較しても少量で，環境に影響はないレベルであった。しかし周辺施設の耐震基準，震災時の火災発生に対する対応などにおいて改善が必要であることが認識された。柏崎刈羽原子力発電所で見つかったトラブ

ルは，地震当日に発生した変圧器火災や放射能漏れを含み計約50件に上った。東京電力が放射能量を少なく発表したことなどから，実際の放射能漏れは1.5倍とか，東京電力の対応を問題視する報道が多かった。東京電力の放射能物質漏れの県や国への連絡が遅い点が指摘される。

2007年10月に東京電力は，今後，「災害に強い原子力発電所」の実現を目指し，平成19年度内を目途に原子力発電所における防災体制を一元化することとし，災害による原発事故対応のため，組織改編を行うことを公表した。その内容は，これまでの原子力・立地本部内の各部が中心となった防災から，機能を一元化させ，一層の品質向上と安全確保を図るため，「新潟県中越沖地震対策センター」を新たに設置するものである。

2002年の記録改ざん，2007年の中越沖地震の発生を経験した東京電力には学習の効果はあったのだろうか。

この体質がその後も続いていた中で，20011年3月の大地震と大津波による東京電力福島原発事故を迎えることになる。

③東日本大震災と東京電力福島原発事故
（経緯）
2011年3月11日，午後2時46分発生の東日本大震災では，1万5,735人の死者，4,467人の行方不明者（警察庁，2011年8月27日現在）が出た。[8] 東日本大震災の主な特徴や被害については下記の通り。

日本における観測史上最大のマグニチュード9.0を記録，震源域は岩手県沖から茨城県沖まで広範囲に及ぶ。この地震により，場所によっては波高10m以上，最大遡上高40.5mにも上る大津波が発生し，東北地方と関東地方の太平洋沿岸部に壊滅的な被害をもたらした。また，大津波以外にも，地震の揺れや液状化現象，地盤沈下，ダムの決壊などによって，東北と関東の広大な範囲で被害が発生し，各種ライフラインも寸断された。建築物の全壊・半壊は合わせて27万戸以上，ピーク時の避難者は40万人以上，停電世帯は800万戸以上，断水世帯は180万戸以上に上った。政府は震災による被害額を16兆から25兆円と試算している。

地震と津波による被害を受けた東京電力福島第一原子力発電所では，全電源を喪失して原子炉を冷却できなくなり，大量の放射性物質の放出を伴う重大な

原子力事故が発生。これにより，原発のある浜通り地域を中心に，周辺一帯の福島県住民は長期の避難を強いられている。その他の発電所でも損害が出たため，東北と関東は深刻な電力不足に陥った。

東日本大震災による被災状況の特徴を端的にいえば，①明治以降，3番目に多い多数の死者・行方不明者の発生，②広域で高い津波による多数の高齢者の犠牲，③地震，液状化，地盤沈下による極めて多数の避難者（ピーク時には40万人以上），④東京電力福島第一原子力発電所の大量の放射性物質の放出を伴う重大な原子力事故，⑤④に伴う長期の避難者の発生と農産物，畜産物，海水，土壌への汚染やそれにかかわる風評リスクの発生など甚大なものである。

(東京電力の問題とRM的課題)

福島原発事故を生じさせた東京電力はガバナンス，コンプライアンス，そしてRMの欠如が明確であった。この点はここでも触れた2002年，2007年の同社の不正や不祥事でもそうであった。学習の文化や正義の文化など，安全性を構成する文化の欠如はいまだにできていなかったのである。そしてその根底には利益優先主義があった。筆者は，企業倫理と企業利益のバランス化という思考はできないものか，企業は利害関係者の期待に添う行動を行うべきであり，そのためには，企業はリスクがもたらした社会問題の解決に貢献するというビジョン，理念を持ち，行動すべきではないのかという思いを強く持った。

企業の使命，企業ビジョンの不明瞭，不適切な一企業のこうした行動が地震，津波という自然災害から生じた原発リスクによる損失を倍加させたといえる。自然災害は不可抗力的な側面があるが，その予知，予防，そして対応は人間の英知で可能であり，一企業のこれまでの不適切な企業体質，企業行動が自然力に完全に負け，未曾有の壊滅的被害を生じさせたのである。壊滅的被害を受けた企業，人はどうすればこの状態から早期に回復できるのか。RMには，リスクによる企業経営の損失を軽減させるとともに，企業を復元させる力があるのではないか，本稿執筆の強い動機はここからも生まれた。

4 リスクは変化する—柔軟な文化の醸成

　リスクの特徴の1つに「リスクは変化する」がある。リスクの発生頻度や発生原因，発生による影響の強さなどが変化するという意味である。したがってリスク管理者は過去のリスクを学ぶとともに，柔軟な思考で現在及び将来のリスクを予知し，対応の準備を常にしておかなければならない。

　第三の事例は2011年3月11日に発生した東日本大震災時のディズニーランドの対応である。3月11日，東京ディズニーランドには約7万人の来園者がいた。そこに大地震が襲ったのである。ディズニーランド側の対応は，素晴らしいものであった。最悪の事態を想定した普段の訓練，マニュアルにとらわれないスタッフの機転の利いた，スタッフ自らが考えた対応・行動など，復元力を考える上で非常に重要な点があった。

（1）東日本大震災時（2011年3月11日）の東京ディズニーリゾートのキャストの柔軟な対応

　2011年3月11日午後2時過ぎ，東京ディズニーランドには約7万人の来園者がいた。そこに震源域が岩手県沖から茨城県沖までの広範囲に及ぶマグニチュード9の東日本大震災が発生。東京ディズニーリゾートのある千葉浦安の震度は5。大地震発生から40秒後には地震発生の場内アナウンスがあった。筆者は当日，海外出張のため成田空港に向かい自宅を出発し，丁度，JR巣鴨駅のホームに止まった山手線の車中におり，異変を感じすぐに下車した。その後のJRの対応は，乗客を駅から出し，シャッターを閉めるのみであった。その後，筆者は地震が交通網やその他に与えた詳しい影響を知るすべもなく帰宅困難者となった。

　地震リスクの対応には，リスクによる影響や発生頻度を抑えようとするリスク・コントロールとリスク発生後の資金対応を事前に立てておくリスク・ファイナンスがある。そして前者のリスク・コントロールには，施設，建物，設備，そしてマニュアルにかかわるハードのものから，対応の仕方，訓練，気持・心理を踏まえた対応などがある。特に，リスク・コントロールにおいては，後者のソフト・コントロールの重要性を本稿では強調しているが，ハードの側面に

おいても適切な対応がなされていれば，ソフト面での効果はより高まる。以下が当日のディズニーリゾートのソフト面での柔軟な対応の概要である。

〈ソフトな対応，柔軟な対応（ソフト・コントロール）〉
　前述のJRの対応に対し，ディズニーランドの対応は客をディズニーリゾートから締め出すというものではなかった。地震発生から約30分後，地震対策統括本部を設置。普段から10万人が来園しているという想定のもと，年間180回に及ぶ防災訓練を行っているアルバイト従業員（キャストと呼ばれている）が様々な行動をとり始める。
　まず建物の下敷きになるのを防ぐため，施設外への避難を知らせる。売り物のぬいぐるみを防災ずきん代わりにするようにいいながら配る。気温10度の寒さの中，カイロの配布，風よけの段ボールの配布，おみやげ袋などを無制限に配り，段ボールを床に敷いて坐るようにいう。売り物のお菓子を無料で配る。おびえる子どもには「みなさん大丈夫です，みなさんを守ります」という言葉をかけるなど，マニュアルにはない行動・対応が次々とキャストによってとられていく。
　来園者の安全と安心があっての経営であり，これを守るためにスタッフの9割を占めるキャストの人でさえも，柔軟な思考でとっさの対応ができたのである。シンプルな哲学を行動で示したのである。復元力の要素の1つに，危機発生時の「とっさの判断力」，「柔軟な思考」があるが，それを彼ら，彼女らは実践したといえる。
　駅から乗客を締め出し，シャッターを閉めたJRに対し，東京ディズニーリゾートの統括本部は，夕方から約2万人の来園者のうち，1,500人をディズニーランドだけでなく，ディズニーシーの方に安全を確認した後に移動することを始める。帰宅が困難となった来園者全員が屋内（レストランの床，シアターの座席，通路など）に避難できたのは，夜中12時を過ぎていたとのことである。飲まず食わずの人が多い中で，同園は温かい「大豆ひじきご飯」，スープ，パンなどを2万人に配り始める。東京ディズニーリゾートには最悪の事態を想定し，常時約5万人が3－4日過ごせるだけの非常食が蓄えられていた。
　深夜になっても道路情報，運行状況を貼り出し続ける。来園者たちは，笑顔で朝まで対応し続けたスタッフに信頼を抱いたといわれている。キャストは翌

日，公共交通機関が動いていることを確認し，近隣の駅まで送迎するなど，ゲストを無事に見送ることまでしたのである。

　危機発生時における集団行動は災害心理の分野でも研究がされている。リスクを過大に評価しパニックに陥ることや，逆にリスクを過小に評価し，避難しなかったり，何もしなかったりする行動がその1つであるが，いずれも危機発生時には気を付けなければならないリスク発生時の「心の罠」である。しかし3月11日のディズニーリゾートの特にキャストの対応はこうした罠にはまることなく，適切に対応がなされたのである。

〈ハード面での備え（ハード・コントロール）〉

　また次のようなハード面での貢献も見逃せない。
- 独自のレスキュー車の保有
- 液状化への事前の備え：液状化対策を講じていたため，平面駐車場の一部区画を除き，建物や施設に大きな損傷はなかった。これは，建設時に液状化対策として，あらかじめ荷重をかけて地盤を安定させた上，敷地全体を約10〜15メートルの深さまで地盤改良を行っていたことによるものである。
- 耐震設計や防止策の実施：各施設に関しては，国の基準を上回る耐震性をもたせてある。各建物や施設のガラスには飛散防止フィルムを，また照明器具や装飾品などには，セーフティーワイヤーをつけるなど，適切な落下防止対策が実施されていた。
- 自家発電装置の設置：太陽光や天然ガスを活用した自家発電設備を導入し，発電された電力をテーマパークなどに使用。

〈リスク・ファイナンス面での対応〉

　オリエンタルランド社はこうしたハード及びソフト面以外のリスクマネジメント対策として，首都圏での大震災に対し資金の計画的積立（リスク・ファイナンス）を1999年にすでに導入している。これは，1995年の阪神淡路大震災からの教訓として，同社が金融機関と協力し導入したものである。1995年の阪神淡路大震災の教訓をいかす学習の文化が同社にはあるといえる。

　その概要は約2億ドルの地震債券を発行し，舞浜を中心とする一定地域で地震が発生した場合，間接的な被害による営業キャッシュフローの減少をカバー

することができること，そして地震発生後にタイムリーかつ確実に資金を受け取ることができるというものである。リスクマネジメント対策の要はリスク・コントロールにより，いかに損失の最小化を図り，かつリスクへの計画的資金対応策により，いかにリスクを第三者に転嫁するかが重要であるが，同社はこれをうまくミックスし展開している。

〈経営方針の浸透による柔軟な対応〉
　オリエンタルランド社は普段から，非常時を想定した訓練を行い，その中からキャストの上で述べたようないくつかの柔軟な対応が生まれてきたといえる。自らの判断で行動するソフト面の力が生まれてきたのである。同社の経営方針，ミッションは下記のものである。
　「自由でみずみずしい発想を原動力に，素晴らしい夢と感動，人としての喜び，そしてやすらぎを提供すること」
　3月11日から12日にかけてのディズニーリゾートの対応は，経営方針でいうところの「自由でみずみずしい発想」が危機発生時の柔軟な対応に結びついていき，非常時においても質の高いホスピタリティとともに見事に実行されたといえる。

〈業績への影響〉
　東日本大震災が同社に与えた経済的影響は同社のアニュアルレポートによれば，以下の通りである。「2011年3月期決算において，震災以降，20日間休園したことによる機会損失があったことなどから，営業利益に対して2011年2月予想と比較して約67億円の減益，さらに災害による特別損失として休園期間の人件費や減価償却費などの固定費53億円，駐車場修繕などの復旧関連費用や商品の廃棄損など44億円の合計97億円を計上しました。この結果，税引前当期純利益に対し，震災が与えた影響は約164億円となりました」。
　しかし，休園の影響はあったものの，利益率の高いテーマパーク事業の売上の割合が増加したことに加え，テーマパーク事業において商品原価率・飲食原価率といった変動費率が減少したこと，人件費・固定経費・減価償却費などの固定費が大きく減少したことなどから，営業利益率は15.1％へ大きく増加し，2011年3月期は過去最高を示している。

〈オリエンタルランド社の対応：まとめ〉

同社のアニュアルレポートでは，東日本大震災の影響を概略次のようにまとめている。

図表1－3　東日本大震災時のオリエンタルランド社の対応

確固たる事業基盤	
 ハード面 高い安全性	地盤改良→パーク内に液状化なし 高い耐震性→建物や施設に大きな被害なし
 ソフト面 高い従業員のロイヤリティ	危機管理体制の機能→震災に対し迅速に対応 キャストのホスピタリティ→震災時の対応に多くの賛辞

強みを発揮して危機に対応

事業基盤をさらに強化

出所：オリエンタルランド社（2011）アニュアル・レポート。

筆者は，同社の経営理念，使命の浸透が基礎にあり，この努力が普段から行われていたので，危機発生時の同園のすべての対応が機能していったのだと考えている。東日本大震災時の東京ディズニーランドの対応を筆者なりにまとめると次のようになる。

図表1－4　東日本大震災時のオリエンタルランド社の対応

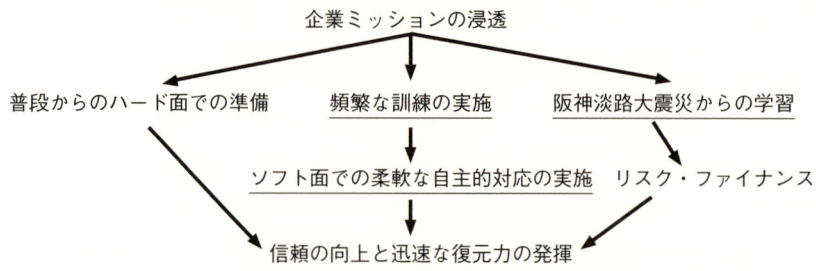

図表1－4では企業ミッションの浸透がまず最初にある。この浸透が最も大切であり，経営行動のみならず危機発生時の行動の源になるものである。企業ミッションとその浸透は危機発生時の行動をぶれないようにする安定装置（バラスト・キール）の役割をするものである。これがあるからこそ，次の対応，ハード・コントロールやソフト・コントロールそしてリスク・ファイナンスが生きてくる。図表1－4でアンダーラインが引いてある箇所，つまり頻繁な訓練の実施，阪神淡路大震災からの学習，ソフト面での柔軟な自主的対応の実施はすべてソフト面にかかわる行動・対応である。これらの対応や行動は企業ミッションの浸透をその源流としている。

　2011年の東京ディズニーリゾートのアニュアルレポートで，同社のCEOは「妥協してはならないもの」として，次の言葉を記している。ソフト・コントロールの重要性をいい当てている。

〈妥協してはならないもの〉
　私たちはテーマパークビジネスにおいて妥協してはならないものは，「クオリティ」と「安全性」だと考え，1983年に東京ディズニーランドが開園して以降，大切にしてきました。
　クオリティ向上に向けては，施設などのハード面だけでなく，キャストのホスピタリティといったソフト面が重要な役割を担っています。私たちの提供している商品は，ひと言でいえば「ゲストの心の満足」です。東京ディズニーリゾートで，私たちがゲストと接した瞬間に商品を生み出し，それを消費していただくことになります。この商品は一瞬にして消えるものであり，形がなくストックできません。品質管理が極めて難しい商品です。一方で，キャストにとっては，ゲストの心の満足をビジネスにしていること自体が，最大の喜びであり，原動力になっています。
　安全性については，建物や施設といったハード面に加え，ソフト面においてもパークの中で提供されるサービスのスタンダードとして「SCSE」という原則が定められており，その徹底に努めています。これは，4つの言葉の頭文字を取ったもので，順に「Safety：安全」「Courtesy：礼儀正しさ」「Show：ショー」「Efficiency：効率」となります。オペレーションでは安全が最優先され，その次にキャストの礼儀正しさ，どんなときでもショーとして成り立たなくてはな

らないという徹底した品質の高さ，そして最後に効率よくサービスを行うこととなります。この順番を間違ってしまうと，ディズニーテーマパークではなくなるということなのです。

（2）コマツの現実直視，部品の標準化，ITの活用による柔軟思考と関係者との信頼向上によるリスクマネジメント

第四の事例は現実の直視及び柔軟な思考に基づく経営リスクの管理として，建設機械業界のコマツを取り上げる。柔軟な思考の1つは「どういう状況でも実行可能な代替案を持つこと」を意味するが，様々なリスクが企業経営にマイナスの影響を与える今日，経営の足元を見ながら，柔軟な思考に基づくコマツの経営方式はRMの視点から逆境に強いRMを実行している。

様々なリスクが企業経営にマイナスの影響と与える今日，経営者はややもすると企業危機の原因を厳しい外部環境に求める傾向があるが，コマツは最近10年間の2度の危機を現実直視の姿勢と柔軟な思考により見事に乗り越えている。

〈2001年度の130億円の赤字〉

1921年設立の建設機械・重機械メーカーのコマツは，現在，日本でのシェアは1位，世界では米国のキャタピラー社に次いで2位である。ビルやダム，道路などインフラの整備に使用されるブルドーザー，油圧ショベル，ダンプトラックなどの開発・生産・販売がコマツの業務であるが，経済の発展に先駆けてこうしたインフラ整備のために使用される商品を扱っている。それだけに国内及び世界の需要動向を常に読み，経営に及ぼすマイナス影響とチャンスを読みながら臨機応変に対応しないと経営リスクの効果的マネジメントはできない。

同社の最近10年間の第一の危機は，2000年ごろのITバブルの崩壊，2001年の同時多発テロの発生，原油価格の下落，国内での公共事業への投資抑制傾向の高まりなどの外部環境下において発生しており，2002年3月期の営業数字は130億円の赤字を示している。[9]同社の当時の社長坂根正弘氏は2001年に社長に就任した直後であったが，赤字の原因を外部環境の厳しさに求めるのではなく，全世界の工場のコストをじっくりと探り，高すぎる固定費（人件費や設備償却費など）に問題があることを突き止める。無駄な事業や業務が高い固定費を生

み，それが赤字の原因になっていたと判断し，次に検討するような施策を打っていく。

具体的には多くの子会社の赤字を許す体質が問題であると判断し，不採算事業や業務の見直し，子会社の統廃合（300社あった子会社を1年半で110社に減らす），希望退職の実施（退職者1,100人，子会社への出向者1,700人で，2万人近い社員のうち15％近い社員が対象）など痛みを伴う大きな手術に乗り出す。

コマツの特にトップの意思決定で望ましいのは，「企業経営の苦しさを単に外部環境だけのせいにしないで，自社の問題点を直視しようとした」，また「外部の部品メーカーなどに値下げをさせて赤字を埋めようとしない」，「自社の強みである研究開発部門の費用を削ったりしない」など自社内部の問題を直視し，それへの対応が適切だった点がある。そして，上でみた無駄な事業や業務が高い固定費を生み，それが赤字の原因になっていた点への対応を行うとともに，企業内部に関するリスクと経営を可視化していった点（無駄な事業や業務に関する事実の見える化や子会社の決算集計の遅れを数値化し，全体の決算発表の

図表1-5　コマツの経営構造改革の成果

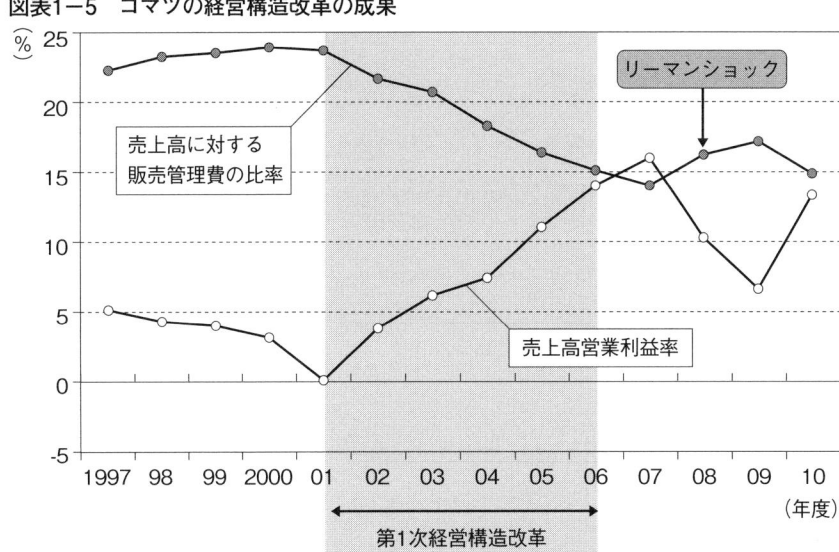

注：グラフは建設・鉱山機械部門の数値。また，2010年度は4〜12月の数値。
出所：坂根正弘（2011）『ダントツ経営』日本経済新聞社，p.79。

迅速化を図る）など，企業を復元させるための手段が矢継ぎ早に実行された点も優れている。

坂根社長（現会長）はこれを構造改革と呼び，上でみた方向での手を打っていき，非常に短い期間で（2001年から2002年にかけて），人件費の100億円削減，固定費の400億円削減に成功する。この間，コマツを取り巻く外部環境はまったく変化していないにもかかわらず，2001年の赤字からわずか1年半後の2002年には300億円の黒字に転嫁している。

こうした対応をRMの視点からみて特徴的なのは，置かれている企業環境分析のうち企業内部に関する状況を冷静に「事実の発見」から始めていることである。ITバブルの崩壊，2001年の同時多発テロの発生，原油価格の下落，国内での公共事業へ投資抑制傾向の高まりなどの外部環境の大変化による危機に襲われるたびに全社をあげて，企業内部の体質改善に取り組み，徐々にグローバル企業としての力を蓄えていったのである。

こうした取り組みは現代的なRMプロセスでは最初の段階である「状況の把握」に関する事項にあたり，自社の理念，目標の再確認，強みと弱みの分析，利害関係者の分析などが行われなければならないが，まさにそのプロセスを経て，次のリスク発見，コマツの場合は企業内部の無駄な事業や業務の発見を行い，そこにメスを入れていき，多額の赤字を短期間に黒字に転化したのである。

〈2008年後半から2009年にかけての世界金融危機による需要の7割減〉

2008年のリーマンショックは世界全体に大きな影響を与え，この時期トヨタでさえも赤字転落をしている。建設機械市場は景気の影響を非常に強く受ける市場であり，建設機械の売り上げは2008年後半から2010年にかけ急減していく（図表1－5参照）。2008年の第4四半期には需要が7割減ってしまう状況に至る。2001年に次ぐ2回目の経営危機である。

コマツはこの状況に対し，メーカーやディーラーの在庫の調整，具体的には生産のストップを行うという短期的対応とともに次にみる企業の復元力，特に柔軟性や見える化を図って対応に乗り出していく。

第一の対応は生産ラインの効率化である。具体的にはホイルローダー（土砂などをダンプカーに積み込む機械と）とモーターグレーダー（道路の整地作業を行う機械）という2つの機械の生産を，これまで別々の生産ラインで行って

いたが，経済危機の状況下，これらをほぼ同一のメインラインで生産することができるようにし，生産効率を大幅に上げることにまずは成功する。

　第二の対応は，1990年代半ばころから実施されている商品の設計図及び仕様書の共通化であり，それが今回の危機で貢献した。設計図は世界に1枚しかなく，部品の仕様書も共通である。このことで開発コストや部品調達コストを削減できるだけでなく，各国や地域の需要や為替を見定めながら出荷先を自在に変えられる利点がある。この点は単にコスト面だけではなく，RMの視点で特に部品や商品の互換性の構築という点で柔軟性を向上させる大きな利点となる。

　第三の対応は，2001年からコマツの建設機械に標準装備導入されている「コムトラックス」と呼ばれる情報システムによる対応である。このシステムにはGPS機能があるほか通信機能を利用し，機械の位置情報，稼働状況，稼働時間，燃費などが日本のデータセンターに送られ，在庫管理，債権管理，生産計画，それに需要予測が日本で可能となるものである。機械の稼働状況は各国の景気，政策など多くの要因により影響を受けるが，このシステムからの情報により早期に状況把握ができ，そのことがリスクの早期発見に結びつく。このシステムと第二の対応つまり標準化された部品や仕様書により商品が容易に生産できるようになることで景気変動に強い企業になる。ITと経営管理，経営リスクのマネジメントの融合ともいえる。

　上で述べた第二と第三の対応により，金融危機後，コマツは世界市場を見定めたリスク管理を行っていく。例えば，北米市場の需要は激減したが，それをこうした第三の対応で早期に発見して北米工場での操業を抑え，第二の対応で述べた標準化された商品でタイ工場に増産の指示を行い，アジアでの集中生産を行ったのである。また欧州の債務危機でユーロ安が続くと，英国工場の油圧ショベルの多くが北米にわたるようにする。このように国，地域の需要，為替の動き，競合他社の動向を踏まえて出荷先を自由に柔軟に変える相互供給が金融危機によるマイナスインパクトを弱める効果をもたらしたのである。

　コマツの2009年度の地域別売り上げをみるといかに同社が世界を相手に企業行動をしているかがわかる。世界のどこかでコマツに好ましくない影響を与える出来事が生じても，早期に発見し，それを効果的に転嫁できるハード面と情報力が備わっており，それが同社を復元力の強い会社にしている。

第四の対応は商品開発に関する要因である。坂根元コマツ社長は社長就任当時，今後の新商品の開発にあたり，「ダントツ」な商品つまり「競合他社が3－5年かけても追いつけない際立った特徴を持つ商品」，「燃費，静粛性などの面での向上（特に燃費に関しては20％以上の改善が必要）」，「安全性，情報技術，環境への配慮」などをクリアした商品の開発を全社に命じる。これまで事実発見という思考を重視してきたコマツは，商品開発の分野でもそれを生かし，2003年以降，「ダントツ商品」の導入に成功し始める。新車売り上げに占める「ダントツ商品」の占有率は2008年には50％を占めたといわれている。

　同社を強くしている要因はもう1つある。それは次に示すソフトな要因で，今回の世界金融危機への第五の対応にもなっている。

　第五の対応は，コマツの部品を納入する協力企業「みどり会」との従来からの信頼，絆の存在である。約160社の企業で構成された「みどり会」企業が商品の大半の部品を作っているが（7割以上），彼らとコマツとのこれまでの信頼関係が危機を乗り越えるもう1つの力になっている。協力企業の多くは板金，金属加工が主力であるが，彼らの売上高に占める利益率は約7％を示しており，この数字は上場企業の平均利益率5.4％を超えており非常に高い数字である。

　協力会社への積極的な外注，その後の指導，協力企業への経営計画を含めた十分な情報開示，利益の相応な配分などの行動がコマツと協力企業に強い絆を作っている。リーマンショックは双方に厳しい試練を与えたが，コマツの設備や部品の買い取り（買い取り総額は33億円といわれる）などによる支援で苦境を乗り切ったのである。

　前掲の図表1－5は，コマツが10年間中2回の危機を以上の普段からのハード面とソフト面双方への努力で見事に乗り切っていった状況を示している。

　コマツの前社長坂根氏は，前掲書で外部環境に大変化が起こり，危機に襲われるたびに全社を挙げて体質改善に取り組み，徐々にグローバル企業としての力を蓄えていった趣旨のことを記しているが，リスクマネジメントについても，決してリスク処理を先送りしない旨のことを明言している。社内でのバッドニュースをいかに早く上に吸い上げ（早期発見），いかに早めにリスク軽減，リスク転嫁を行うかの重要性も坂根氏は強調しているが，コマツの事例は優れたトップを中心とした会社全体での柔軟な思考がリスクへの多様な対応を生み，危機を克服していった状況を示してくれた好例である。

5 リスク直視,ビジョン,柔軟な思考で復元―苦境を克服した今治のタオル会社

(1) 池内タオル
(初代経営者他界の直後に社長に)

　愛媛県今治市は現在人口約18万人の小さな町で,造船,タオルで有名な町である。筆者は大学卒業後,すぐに大手損保会社の社員として今治支店に本配属になり,いくつかのタオル工場を訪問したことがある。火災保険の契約者にタオル工場があったからである。ここで検討する事例は,地方の小さな町,タオル産業自体が衰退し,激しい低価格競争にさらされているという厳しい外部環境の中で,元請け問屋の倒産による連鎖倒産をした「池内タオル」という会社の事例である[10]。

　「池内タオル」は1953年創業の会社で現社長は2代目。1代目社長は現社長の父親で1982年に病気で急逝される。2代目社長となる池内計司氏は大学卒業後,松下電器(大阪)に就職し,そこで12年間働き,家を継ぐ決心をした直後に父親が他界。次期社長として池内氏がタオル会社を継いだのが,1983年である。

　今治のタオルは現在,全国生産の約6割を生産している。かつては500社のタオル工場があったが,1976年ころをピークに減少し,いまでは140社が今治タオルを担っている。筆者が損保会社に勤務していた頃がタオル生産のピーク時期だったことになる。

(タオル業界)

　日本のタオルへの需要は70％以上が贈答用という特異な市場環境で,見栄えの良いものが選ばれる。米国では多くの消費者が自分の嗜好に合わせてタオルを購入し,シンプルなもので自分の好む色や質などを重視するといわれている。現在,日本のタオル産業は,中国をはじめとするアジア諸国からの廉価商品の輸入急増を受けて,国内生産が落ち込み,事業所数が減少の一途をたどるなど,最大の危機に直面している。中国をはじめとする低価格商品の大量流入によって,国内マーケットにおけるタオルの輸入浸透率は2000年の57.5％から2010年には81.5％へと大幅にアップしている。こうした現状を招いた原因とし

ては，まず，これまで指摘されてきた課題解決のための自助努力が足りなかったということが挙げられている。特にエンドユーザーのニーズにあった商品開発，流通改革への取り組みなど，時代への適応が遅れたことが最大の原因であるといわれている。

(危機に直面)

　現社長が家業を継いだころの池内タオルの売り上げは約20％が海外米国への輸出で，残りは国内での売り上げであったが，そのビジネスモデルは，問屋からの生産委託であった（問屋はほとんどをコストのかからない中国やベトナムに委託し，国内委託はわずか）。年商の70％は問屋に依存していたのであるが，その問屋が2003年に倒産し，2億4,000万円の売掛金の焦げ付きが生じ，計約10億円の負債を抱えてしまったのである。2002年の倒産直前の自社ブランドの売り上げは700万円程度で，全売り上げに占める自社ブランドの比率は2〜3％であった。しかも同社は他社ブランド製品の生産をするという企業（OEM企業，Original Equipment Manufacturer）だったのである。特定企業に自社売り上げの多くを依存することはリスクの集中を招き大きなリスクとなる。

　一般にOEMを採用すると効果的といわれる時期には次の3つがあるといわれる。

1. 市場が立ち上がる時期。製造の技術やラインを持たない企業にとって，自社製造を開始するまでの期間OEM供給を受ける事で他社との市場投入の差を埋めることができる。
2. 市場が成長期を迎えた段階。自社生産が追いつかないときに他社に委託する。
3. 市場が衰退する時期。自社生産から撤退し低コストで市場への製品供給が可能となる。

　また，中小企業など営業力の弱い企業においてはOEM先の営業力を活用できるメリットもあるともいわれる。創業者である初代社長時代の池内タオルは，多分こうした考え方に依拠し，OEMによるタオル生産を志向していたと思われる。しかし，リスクの視点からは元請け依存になり，極めて危険なビジネスモデルといえる。しかも，上のOEM理論では，「市場が衰退する時期。自社生産から撤退し低コストで市場への製品供給が可能となる」，「中小企業など営業力の弱い企業においてはOEM先の営業力を活用できるメリットもある」とあ

り，OEMは弱い企業を助ける救世主のような印象を受ける。しかし，この考え方はリスクの視点では危険であり，現在の池内タオルの社長は，一見すると弱い企業を助ける救世主のような印象を受けるこのOEM型ビジネスモデルとは決別する意思決定を下したのである。OEM先を多様化しリスク分散を図るという道もあるが，同社はその道はとらず，自社ブランドの育成に全企業資源を集中する経営へと舵を取り直すのである。

(池内タオルはどう危機を克服したか：OEM企業から自社ブランドを売るビジネスモデルへ)

池内タオルの2代目社長は倒産前の1997年から「世界で一番安全なタオルを作りたい」という思いで，「環境にやさしい」というコンセプトによる自社ブランドを確立したいと考えていた。そしてオーガニック・コットンを使用したタオル製造に必要な電力を風力で賄う「風で織るタオル」を「IKTブランド」として確立していった。2002年には米国の織物品評会で最優秀賞を受賞したことも大きな刺激になっていたと思われるが，OEM先にいわれるがままの製造を続けていても東南アジアで生産される安価なタオルとの低価格競争に巻き込まれるだけ，「売りたいものを作るのではなく，作りたいものを作る」ために自社ブランドを売るビジネスモデルへと大きな経営方針の転換を図ったのである。

水についても環境への配慮を実現している。タオル染色後の灰色の水を，同業7社と共同で運営する排水処理施設で浄化し，「海の水より透き通っている」とまでいわれる排水処理施設を1992年にすでに完成させている。風，水そしてオーガニック・コットンの3つにより「環境にやさしい自社ブランドタオル」の育成が進んでいく。

CSR（企業の社会的責任）という言葉はどんな業界でもよくいわれ，多くの会社が環境報告書まで出している。環境に負荷をあまり与えない業界，例えば金融業界，保険業界などがCSR，CSRと声高らかにいいつつ，反面，本業では業績不振，そして不祥事が多い状況をみると消費者を軽視しているのではないかとも思えるぐらいである。しかし，例えば車，石油そしてタオルなどの業界では環境への配慮は本業に深くかかわっている。池内タオルはCSRのためだけに環境への配慮に力を入れているのではなく，自社商品の売り上げ増大，収益力強化に貢献するからこそ環境への配慮に力を入れているとのことである。まさに本物の環境経営である。

本稿では，企業の復元力について，外部環境が厳しくなり，危機に直面しても，リスクを直視し，いかに企業の内部資源，特にビジョン，理念を持続させ，柔軟な思考で克服していくかという点を検討しているが，池内タオルはまさに，こうした3要因を具現化している企業といえる。
　リスクの直視の面では，東南アジアとの低価格化競争を回避し，OEMという名の基での下請生産では連鎖リスクは繰り返すという点を確認している。
　ビジョン，理念の面では，「環境にやさしい」というコンセプトを明確な経営ビジョンとして打ち出し，水，風，オーガニック・コットンの3つで実行している。池内タオルの経営ビジョンでは次のように明確なメッセージが示されている。

母親が自分の命より大切にする赤ちゃんに安全なタオルを届けたい！

最大限の安全と最小限の環境負荷。地球環境との調和が商品開発の基本です。
"オリジナルであること"を念頭に社員一同が納得いく製品作りを方針にしております。
安易に買換えを促進するような即物的な商品作りは弊社の方針にはありません。

　柔軟な思考の面では，こうしたビジョンやリスク直視を踏まえた上で，自社ブランドによる高価格化戦略の実施，機械のみによる生産工程から手作業の実施（裁断工程面ではオーガニック・コットンを使用しているために，はさみによる裁断の方が不良品を抑えられる），コンピュータによる生産工程のシステム化，少量単一製品を世界マーケットで販売，ネット販売を重視などの戦略が考えられる。こうした3つの面を上手くブレンドさせたのは池内タオルの2代目社長のリーダーシップによるところが大と思える。池内氏の危機克服は3つの面を適切にブレンドさせていったからだともいえる。
　池内タオルのその後の業績は次の通りである（図表1-6参照）。2010年2月期の売上3億6,000万円，自社ブランドの売上率は95％を占めている。倒産前の売上は8億円であったが，内容は異なる。もし同社が連鎖倒産という危機に直面していなかったら，そして上でみた3つの思考がなかったら池内タオルの今日はなかったと思われる。危機に強いリスクマネジメント思考の下で，2013年には10億円の売り上げを目指している。こうした発展は今治の地域活性化にも貢献しているといえよう。

図表1−6　池内タオルの売上高の推移

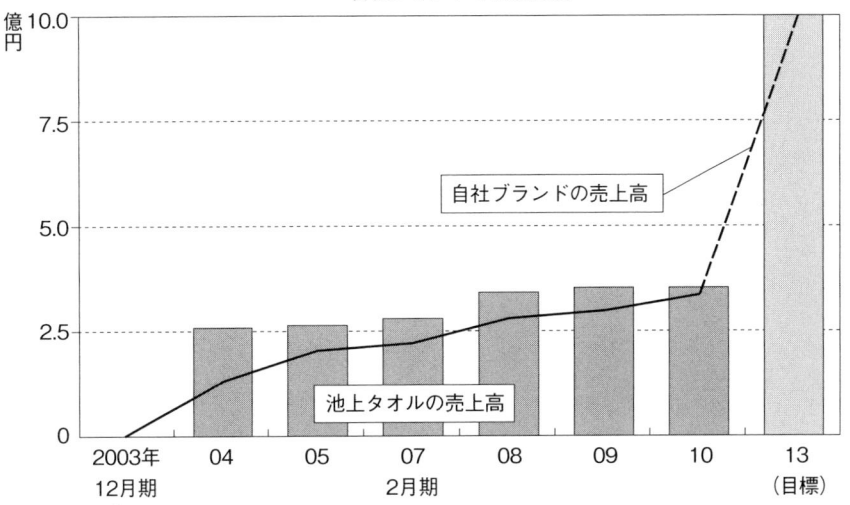

自社ブランドで業績回復

注：2003年度12月期に民事再生法を申請，2006年2月期は決算を12月から2月に変更したためグラフに含んでいない。
出所：『日経ビジネス』（2010. 5. 3），p.53。

6 企業の復元力を上げる指標とアプローチ―おわりに

　図表1−7は復元力の3つの指標と各指標達成に必要な5つの方法を示したものである。S.McManusの図表を参考に筆者の私見を以下解説する。

（1）状況の把握

　危機と経営全体にかかわる環境の理解とそれへの対応を検討する。具体的には，①役割や責任の明確化である。誰にどういう権限があるのか，指示命令系統などの理解である。ただ危機直面時は硬直的対応になってはいけない。②ハザードや損失の理解，言い換えればリスクの背景やそれが及ぼす損失及び発生可能性などの理解である。ハザード・マップやリスク・マップの作成が必要であるが，ここでもそれへの100％依存は好ましくない。危機直面時には柔軟な

思考が求められる。③リスクには連鎖する特性がある。どういうリスクがどこにどういうマイナスの波及を及ぼすか，平時からのシミュレーションが必要である。④保険への理解：ここでリスク・ファイアンスとしての保険加入状態のチェック，あるいは保険準備が考えられる。免責事項，付保割合，加入金額の妥当性，保険料の吟味ほかへの理解が必要である。加入しているから安心という態度が最もいけない。⑤復興の優先順番：企業経営上，企業のオペレーション上，利害関係者からの期待内容を踏まえ，どこからの復興が大切かの意思統一が行われていなければならない。普段からのリスク情報の共有と利害関係者利益，社会利益視点からの意見交換で優先順位を決める必要がある。

（2）重大な脆弱部分の把握

　危機が経営にもたらす致命的な影響の把握と対応策の検討である。①企業全体の復興戦略のデザインを作っておく必要がある。企業のビジョンや使命に照らし，(1)の⑤つまり復興の優先順番，復興後の望ましいRMの在り方までも考慮したい。②訓練への参加：年間2回程度の訓練では危機直面時には対応できない。リスクの理解→対策の学習→訓練→新しい気づき→対応→訓練を重ねていくうちに企業に望ましい本物のRM文化そして復元力が備わっていく。③内部資源：トップのリーダーシップ，社員の団結力，企業ビジョンや使命の共有，信頼感，倫理観こういう無形資産としての内部資源の醸成が最も重要であり，これが危機のときまた平時の企業経営においても有効となる。④外部資源と⑤他の機関との連携：企業内部の資源のみではハードの面で不十分となり，危機が深刻となる場合がある。外部との連絡，調整，協力が欠かせない。望ましいのは会社間の危機発生時の協力体制の確立である。会社も人も特に危機発生時には1人では生きていけない。

（3）柔軟な適応力

　危機と企業文化に関する指標で，リーダーシップ，柔軟な対応などを含む。①部分最適思考は危機の際には一部的存続となるかもしれないが，全社的には通用しない。リスク情報の共有がスムーズにいく企業文化を構築しておかなければいけない。組織に密閉性があるようではろくなことが起きない。②コミュニケーション，リレーションシップは①ともかかわり，平時の経営遂行にも重

図表1-7 企業の復元力を上げる指標とアプローチ

復元力の指標

1) 状況の把握	2) 重大な脆弱部分の把握	3) 柔軟な適応力
①役割,責任の分担	①リスク対応戦略の構築	①孤立的思考,部分最適の排除
②ハザード,損失の理解	②訓練への参加	②コミュニケーション,絆
③他の箇所への悪影響の理解	③内部資源力	③戦略的ビジョンと期待度
④保険による対応	④外部資源力	④情報と知識
⑤リスク対応への優先順番	⑤他の機関・組織との連携力	⑤リーダーシップ,ガバナンス構造

出典：Sonia McManus *et al.*（2007）*Resilience Management : A Framework for Assessing and Improving the Resilience of Organisations*, Resilient Organisations Research Report, p.3.

要である。平時にできなければ異常時には何もできない。コミュニケーションをとる工夫を普段からリスク問題のみならずレクリエーション，趣味，食事ほかで図ることも大切である。③戦略的ビジョン：ビジョンが危機時の対応に思考の余裕をもたらしてくれ，柔軟な対応が可能となり，他の人にも安心を与える。こうしたビジョンは平時のビジネス上のリスクにおいても軸がぶれない基となる。④情報，知識：(2)の②訓練への参加でも述べたが訓練を通じて学習し，多くの情報や知識を得ることが柔軟な適応力を生み企業に望ましい本物の災害文化を生み，復元力が備わっていく。⑤リーダーシップ：企業トップは社会での企業の振る舞い方の模範となるべきであり，社会問題を直視し，自社と社会問題との関係を直視し，利害関係者の期待を理解し，リスクを正しく理解し，利害関係者との信頼，共通の価値観作りに努力しなければならない。こうしたことが経営危機，災害リスクへの強い復元力となる。

[注記]
1) ジョン・ミクルスウェイト，エイドリアン・ウールドリッジ，鈴木泰雄訳（2006）『株式会社』ランダムハウス講談社，p.17。
2) アリー・デー・グース，堀出一郎訳（2002）『企業生命力』日経BP社，p.19。
3) 梁瀬和男（2010）『企業不祥事と奇跡の信頼回復』同友館，pp.183-215参照。
岡田斉「不祥事を起こした日本企業の再生に及ぼす企業風土の影響」神戸大学大学院経営学研究科博士論文（2010年1月）参照。

4)「健土健民」とは「酪農は土の力を豊かにし，その上に生きる生命を輝かせます。その結果つくられた乳製品は，人々の健やかな精神と身体をはぐくみます」を意味する（梁瀬和男，前掲書，p.203）。
5）原因の概要については，シドニー・フィンケルシュタイン，酒井訳（2004）『名経営者がなぜ失敗するのか』日経BP社，pp.193-195を参考にしている。
6）ALARP原則とは，As Low As Reasonably Practicableの略（＝ALARP）で，「合理的に可能な限りリスクを下げるという原則」。すなわち「リスクをまったくとらないというのではなく，リスクをある程度許容した上で，便宜を追及する」という考え方。
7）上田和勇（2003）『企業価値創造型リスクマネジメント（第4版）』白桃書房，pp.47-49。
8）以下，東日本大震災の被災状況の記述に関しては主にhttp://ja.wikipedia.org/wiki/を参考にしている。
9）坂根正弘（2011）『ダントツ経営』日本経済新聞社，pp.78-79。
10）池内計司（2008）『つらぬく経営』エクスナレッジ及び，『日経ビジネス』（2010. 5. 3）pp.52-54参照。

第2章

企業価値創造の
インタンジブルズ・マネジメント
－キリンホールディングスの事例研究－

1 はじめに

　顧客ニーズが複雑化・多様化する中で，企業は多様な製品やサービスを提供することによって企業価値を高めようとしている。その企業価値を創造する源泉が大きく変化している。もの作りが中心の工業社会では，材料，製品，あるいは設備といった貸借対照表に示される有形資産によって企業価値が構築されてきた。しかし今日，情報や知識といった目に見えないものの価値が重要視されるようになり，このような知識社会では，有形資産よりインタンジブルズ（intangibles；無形の資産）によって企業価値が創造されていることに気づかされる。同じような商品を作っている企業であっても，研究開発への投資によって新製品開発に余念がない企業，顧客からのイメージを高めようとするブランド構築に努める企業，顧客だけでなく，従業員や株主，あるいはメディアやソーシャルネットワークなどからの評判を高めようとするレピュテーション・マネジメントを考慮する企業は，インタンジブルズをマネジメントすることで企業価値を創造することに気づいている企業である。

　例えば，米国では，S&P500社の株価純資産倍率が1980年に1倍だったものが，2001年に6倍に達した（Lev, 2001, p.9）。また，日本の電機産業に限定して，価値創造企業では1991年と1999年の企業価値に占める無形資産が11％から62％に増加した（伊藤・加賀谷，2001）。企業価値に占めるインタンジブルズの重要性を考慮すれば，インタンジブルズのマネジメントは極めて重要であるといえよう。逆にいえば，インタンジブルズのマネジメントを意図して行動しなければ，企業価値を大きく創造することはできない。

インタンジブルズが重要であるとすると企業価値創造をねらってインタンジブルズを戦略的に構築すべきである。とはいえ，これまでインタンジブルズの構築は戦略と明示的に結びつけてこなかった（Collis & Montgomery, 1995）。また，伝統的なマネジメントシステムがROIやEPSといったように財務偏重のため短期志向になってしまっており，そのためイノベーションや学習への投資が軽視されているという批判もある（Kaplan & Norton, 1992）。Kaplan & Nortonは，インタンジブルズへの投資を高めるためにバランスト・スコアカードを考案した。また，インタンジブルズの構築である学習と成長の視点を戦略へと方向付けるべきだとも主張した（Kaplan & Norton, 2004）。他方，Ulrich & Smallwood（2003）は，特定の戦略ではなく，インタンジブルズを継続的に構築するためにリーダーの研究をすべきであると指摘した。そのためには，まずビジョンを明確に設定し，戦略へと方向付けられたコンピテンシーを求め，その結果としてケイパビリティが構築できる。これらに一貫性を確保することで，インタンジブルズをマネジメントできるというのである。

　本稿では，インタンジブルズ・マネジメントのフレームワークを検討する。そのために，インタンジブルズの1つとしてレピュテーションを取り上げ，事例を用いてレピュテーションの測定も試みる。第2節では，インタンジブルズの定義と研究アプローチを明らかにする。第3節では，レピュテーションの測定として，企業価値とレピュテーションの関係，レピュテーションとバランスト・スコアカードの関係，ブランド価値の測定について概説する。第4節では，キリンの事例に基づいて，キリンの長期ビジョンであるKV2015，投資判断と撤退のためのEVA，シナジー創出とクロス・カンパニー・チーム，レピュテーション測定，戦略のマネジメントシステムと業績評価について検討する。第5節では，インタンジブルズのマネジメント・フレームワークに関して，価値観変革とフレームワークのあるべき姿を提案する。最後に第6節で本稿をまとめる。

2 インタンジブルズの定義と研究アプローチ

　インタンジブルズとは何であろうか。Lev（2001, p.5）は，インタンジブルズを「イノベーション（発見），独自の組織設計，人的資源によって生み出される物的実態を伴わない価値源泉（将来便益の請求権）のことである」と定義する。他方，Kaplan & Norton（2004, p.xiv）は，インタンジブルズを「人的資本，情報資本，組織資本からなる学習と成長の視点の3つの要素」と定義している。これらのようにインタンジブルズの定義に統一した見解があるわけではない。本稿では，インタンジブルズを広義に取り扱って，インタンジブルズを無形の企業価値の源泉と定義する。営業権のようにすでに無形資産として貸借対照表上にオンバランスされているインタンジブルズだけに限定されない。コーポレート・レピュテーションのように資産性を認識すべきではあるが測定が困難なインタンジブルズも含めることにする。さらに，人的資本，情報資本，組織資本といった資産とはいえないようなインタンジブルズも含められる。すなわち，インタンジブルズには，ビジョン，価値観，戦略，ブランド，レピュテーション，戦略実行のマネジメント，リーダーシップなどが含まれるものと捉えている。

　インタンジブルズは多方面から研究が行われている。Ulrich & Smallwood（2003, pp.6-13）によれば，インタンジブルズの研究には3つのアプローチがあるという。第一のアプローチは，インタンジブルズを財務報告すべきであるという主張である（Lev, 2001）。Levによれば，有形資産と無形資産のすべてを含む企業価値を報告すべきであり，そのような報告へと会計制度を見直すべきであるという。第二のアプローチは，インタンジブルズを測定すべきであるという主張である（Ittner & Larcker, 1998: Ittner et al., 2003: Ittner, 2008）。インタンジブルズ測定には，経営管理目的，報酬算定目的，外部報告目的，法と取引目的がある（伊藤, 2009）。これらの目的を達成するには，インタンジブルズを適切に測定する必要があるからである。第三のアプローチは，持続的なインタンジブルズを創造するリーダーの選択と行動を研究すべきであるという主張である（Ulrich & Smallwood, 2003）。

　第一のアプローチのようにインタンジブルズをオンバランスすることで，情報提供能力を向上させるという外部報告の意義は大いにある。また第二のアプ

ローチのように,「管理するには測定しなければならない」と指摘されるように,管理のための測定も重要な研究アプローチである。さらに第三のアプローチのように,戦略性はリーダーによって高められるため,インタンジブルズを創造するリーダーの研究も重要である。本稿では,戦略実行のためにインタンジブルズをマネジメントするというアプローチを採用する。インタンジブルズのマネジメントに関して,Kaplan & Norton (2004) は,インタンジブルズを学習と成長の視点として人的資本,情報資本,組織資本として扱い,これらのインタンジブルズは内部プロセスの視点の戦略目標と連動させるべきであると指摘した。バランスト・スコアカードの学習と成長の視点だけでなく,すでに明らかにしたように,本稿で取り扱うインタンジブルズとはビジョンや価値観,戦略などにも関連付けるべきであると考えている。また,レピュテーションやブランドもインタンジブルズの重要なマネジメント領域である。次に,レピュテーションとブランドによる測定を検討する。

3 レピュテーションとブランドの先行研究

レピュテーションとは「ライバルと比較したとき主要な構成員すべてを魅了する,企業が取った過去の行動と将来の計画にかかわる知覚的な標章(perceptual representation)」とする考え方がある (Fombrun, 1996, p.72)。この定義によれば,レピュテーションは外部のステークホルダーへのコミュニケーションをマネジメントすることだけを対象にしている。他方,櫻井は経営者と従業員がレピュテーションを構築する点を強調している (2008, p.23)。レピュテーションにかかわる両者のアプローチはまったく対立している。もちろんこのように定義だけでなく,レピュテーションの測定もまた検討が始まったばかりである。そこで,企業経営の目的である企業価値の創造との関係でレピュテーションを明らかにする。また,レピュテーションを測定し管理するためにバランスト・スコアカードとの関係を検討する。さらに,レピュテーションと類似の概念であるブランドの測定も検討する。

3-1. 企業価値とレピュテーション

　企業の目的を達成するには企業価値を創造する必要がある（櫻井, 2009, p.33）。コーポレート・レピュテーションの管理は，この企業価値の創造を測定し管理するマネジメントシステムといえよう。企業価値を株主価値と同義に解釈することがある。しかしここでは，企業価値を経済価値，社会価値，組織価値からなる（櫻井, 2008, pp.6-7）と解釈する。経済価値は株主価値としての株式時価総額や将来キャッシュフローの現在価値，EVA（Economic Value Added；経済的付加価値），営業利益や経常利益といった財務指標によって測定できる。経済価値の測定をどの指標にすべきかで見解が分かれるものの，指標が決まれば測定は比較的やさしい。

　社会価値と組織価値は，指標の特定も難しいが，特定した指標の測定も比較的難しい。例えば，Sanchez et al.（2000）は，社会価値と組織価値を，一方では人的資本，構造資本，関係資本に区分するとともに，他方では資源と投資に区分したマトリックスとして捉え，経験，イノベーション，忠誠心，訓練，品質，顧客満足度といった指標を例示している。また，Cabrilo et al.（2009）は，人的資本として従業員の経験やイノベーション，構造資本として情報技術やR&D，関係資本として顧客関係や競争関係などを指標として例示している。経験，忠誠心，顧客関係あるいは競争関係は，指標が見つかったとしてもその測定は必ずしも容易なものとはいえない。

　社会価値は，社会貢献や環境配慮，あるいはガバナンスや企業倫理といったものである。また組織価値は，従業員のスキルやイノベーション，トップのリーダーシップや戦略への方向付け，価値観の浸透等が挙げられよう。社会価値と組織価値については，指標の特定も測定方法についても見解の一致をみているわけではない。

　以上の経済価値，社会価値，組織価値からなる企業価値を創造する主要な源泉がインタンジブルズである。そのインタンジブルズの1つに，レピュテーションがある。要するに，企業価値創造の源泉の1つがレピュテーションであると言い換えることもできよう。

3-2. 企業価値と CSR

　CSRで追求すべき企業価値とは，環境価値，社会価値，経済価値のバランスをとるトリプルボトムラインを考えるのが一般的である。これら3つの価値はいずれも同時に達成すべきものという考え方がある（谷本，2006，p.62）。CSRは基本的に3つの価値の因果関係を問うものではない。他方，環境価値を社会価値に含めるとしても，経済価値と社会価値及び組織価値を同列に見ないで，経済価値を向上するパフォーマンス・ドライバーとして社会価値と組織価値があるとする見解がある。

　例えば，Marr et al.（2004）は，パフォーマンス・ドライバーを整理して，これらの組織資源がどのように経済価値を創造するのかをマッピングしている。また，Jhunjhunwala（2009）は，株主価値の創造を頂点とするバリュー・マップを用いて，パフォーマンス・ドライバーとしてのレピュテーションを含むインタンジブルズのモニタリングと測定を提案している。これらはいずれも，Kaplan & Norton（2004）が提案した戦略マップをベースとして議論を展開したものである。

　要するに，長期ビジョンを達成するために，戦略マップに基づいて経済価値の目標を設定し，これを実現するためのパフォーマンス・ドライバーとして社会価値と組織価値を位置付けている。

3-3. ブランドの価値測定

　管理会計としてインタンジブルズを研究する領域には，ソフトウェア，知的資産，ブランド，人的資産・情報資産・組織資産，コーポレート・レピュテーションがある（櫻井，2008，pp.18-21）。その1つにブランドの研究がある。ブランドとレピュテーションの違いはどこにあるのかについて明らかにしよう。ブランドはプロダクトに深く関わっており，本質的に顧客志向であり，主として顧客がブランドの評価にかかわると考えられる。他方，レピュテーションはステークホルダー志向であり，顧客だけでなく，株主や従業員もレピュテーションの評価にかかわる。ブランドはレピュテーションの社会価値部分を表すということもできよう。ブランドの評価はいくつかの測定の仕方が提案されて

いるが、ここではインターブランド社のブランド価値を明らかにする。インターブランド社のブランド価値とは、「ブランドによって将来的に生み出される経済的利益の割引現在価値」である（田中, 2005）。ここでの経済的利益とはEVAのことであり、以下のように算定している。

経済的利益＝営業利益×(1 －実効税率) －
｛(売上債権＋棚卸資産－仕入債務)＋有形固定資産｝×加重平均資本コスト

ブランド価値の評価にとって重要な要素である営業利益は、証券アナリストの予測によって将来5〜10年間を推定するという。また、実効税率は便宜的に一律40％としている。このようにして計算された経済的利益は、機能的価値と情緒的価値から構成される。機能的価値とは、購買に当たって、利便性や効用といった価値を重視して購入する部分である。他方の情緒的価値は、商品から得られる良い感情、例えば爽快感、快適性、信頼性や安心感によって購買する部分をいう。購買者へのアンケート調査結果から数値化して、ブランドの役割指数を設定する。経済的利益にこのブランドの役割指数を掛けて情緒的価値を推定する。

毎期のEVAの割引現在価値を市場付加価値（market value added；MVA）というが、インターブランド社ではこれを無形資産と呼称している。このMVAを機能的価値と情緒的価値に区分し、情緒的価値の割引現在価値をブランド価値としている。なお、情緒的価値の割引率は、ブランドマネジャー、市場、顧客などの調査をベースとして、ブランド力によって算定している。ブランド力が高ければ割引率は低く、逆にブランド力が低ければ割引率を高く設定している。

このブランド価値は、MVAの情緒的価値部分であり、財務尺度という特徴がある。また、情緒的価値を測定するブランドの役割指数は消費者によるアンケート調査を利用する。消費者だけがステークホルダーであるというプロダクト・ブランドの価値測定といえよう。

4 キリンホールディングスの事例研究

　インタンジブルズの意義，レピュテーションやCSR，それにブランドの測定について概説してきた。本節では，具体的にキリンホールディングスを対象にして，ビジョンを明らかにしてレピュテーションを測定する。

　キリンでは，2004年に荒蒔康一郎社長（当時）と他の3名でビジョンの構想をスタートした。その結果が，2006年5月に公表されたKV2015である。この長期ビジョンに基づいて，2007年7月にキリンホールディングスの下にグループが組織化された。本節ではKV2015，ビジョン実現に向けて積極的なM&Aを評価するEVA，企業戦略としてのシナジー創出，レピュテーション，及び戦略実行のマネジメントシステムとして導入しているバランスト・スコアカードを明らかにする。

4-1. KV2015

　キリン・グループの長期ビジョンは，KV2015と呼称されている[1]。キリン・グループがKV2015を構想した背景には，国内外の業界の動きとキリン・グループの環境変化，また経営環境の変化があった。業界の動きとしては，国内ビール市場の縮小，海外大手ビールメーカーの再編と統合，国内飲料事業の競争激化，酒類と飲料間のボーダレス化と消費者ニーズの多様化である。また，キリン・グループとしても，中核事業の国内酒類事業を再成長させたいとか，飲料・医薬などを成長させるビジネス・ポートフォリオへと展開させたいという意向があった。そのような中での経営環境の変化としては，少子高齢化の到来，消費者ニーズの多様化，業者間の競争激化，グローバル化，市場・流通の構造変化のため，現状のビジネスの延長線上では成長に限界が見えてきたことにある。ここに長期ビジョンとしてのKV2015を構想した。つまり，キリンでは国内のビール需要が飽和状態にあるという危機意識を持ち，企業価値創造に向けてKV2015というビジョンを打ち立てた。

　2015年までにグループが目指す姿は，①キリンブランドの価値向上，②3つの成長シナリオ（収益基盤，成長基盤，新たな主力事業）の実現，③社会への貢献，

④3C（Challenge, Commitment, Collaboration）による競争優位の構築である。経済価値としては，財務数値による連結ベースでの到達目標を揚げて，2006年度の売上高1.68兆円を2015年までに3兆円へ，営業利益率9％を10％以上へ，売上高の海外比率18％と営業利益率27％をともに30％へ増加させるとしている（図表2－1）。他にもキリンブランドの価値向上を挙げている。

組織価値としては収益基盤・成長基盤・新たな主力事業の実現ができる基盤構築と，従業員の基本姿勢として3Cという競争優位を構築することである。社会価値は，社会への貢献により信頼される企業となることである。社会価値と組織価値について重視はしているが，それらの具体的な指標や数値目標は示されていない。

図表2-1　キリン・グループ・ビジョン2015

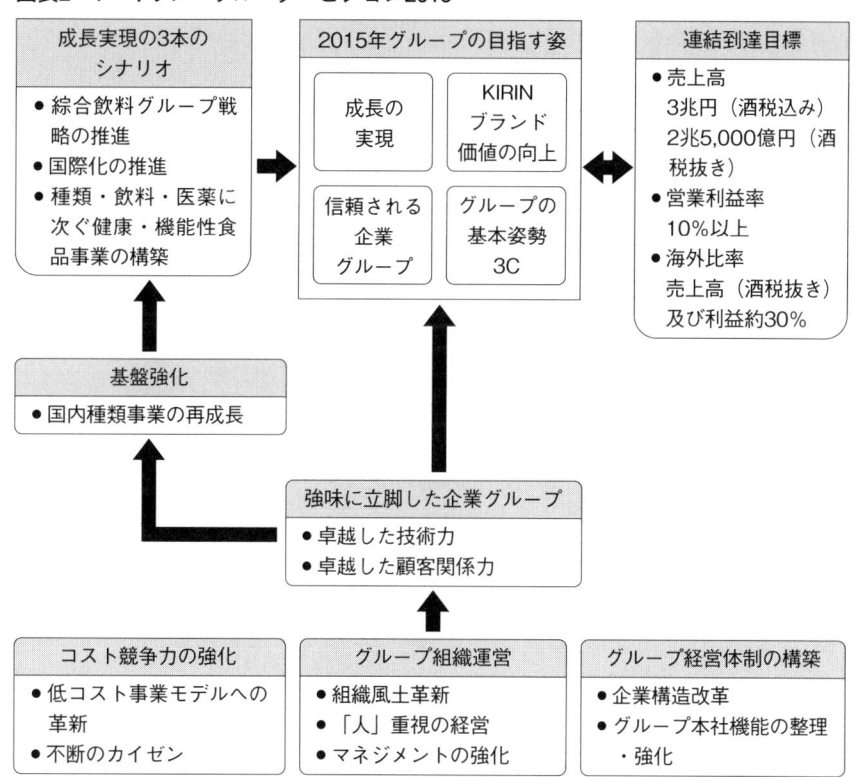

成長実現の3本のシナリオ	2015年グループの目指す姿	連結到達目標
・綜合飲料グループ戦略の推進 ・国際化の推進 ・種類・飲料・医薬に次ぐ健康・機能性食品事業の構築	成長の実現 ／ KIRINブランド価値の向上 信頼される企業グループ ／ グループの基本姿勢 3C	・売上高 　3兆円（酒税込み） 　2兆5,000億円（酒税抜き） ・営業利益率 　10％以上 ・海外比率 　売上高（酒税抜き） 　及び利益約30％

基盤強化
・国内種類事業の再成長

強味に立脚した企業グループ
・卓越した技術力 ・卓越した顧客関係力

コスト競争力の強化	グループ組織運営	グループ経営体制の構築
・低コスト事業モデルへの革新 ・不断のカイゼン	・組織風土革新 ・「人」重視の経営 ・マネジメントの強化	・企業構造改革 ・グループ本社機能の整理・強化

出所：『キリン・グループ・ビジョン2015』。

このビジョンを実現するために，積極的にM&Aを展開している。価値観を変革し，事前と事後の投資評価基準をEVAに統一したり，シナジー創出のためにクロス・カンパニー・チームを組織化したりした。その結果がどうであったか，2007年から2009年までの3年間の中期計画とその実績を比較してみよう。1.7兆円の売上高目標に対して1.93兆円の実績，9％の営業利益率目標に対して6.5％の実績，22％の目標海外売上高比率に対して26％の実績であった。営業利益率の未達は，7千億円以上の売上があるにもかかわらず利益率が芳しくない飲料・食品セグメントが原因であるが，それ以外は目標を達成している。また，この結果を受けて，2010年から2012年までの3年間の中期計画の目標は，売上高を2.13兆円（酒税込み），営業利益率を10.8％，海外売上高比率を29％としている。海外売上高比率が25％に落ち込んだが，2010年の売上高は21.7兆円となり，営業利益率も10.5％を実現した。売上高以外はKV2015に到達する勢いであり，現在までのところKV2015は着実に実現できている。

4-2. M&Aのための投資判断と撤退のためのEVA

ビジョンを実現するために，キリンでは積極的なM&Aを展開している。M&Aを推進しているキリンホールディングスでは，国内では2006年にメルシャンを連結子会社に，2008年に協和発酵工業（現，協和発酵キリン）を連結子会社とした。海外では2007年にナショナルフーズを100％子会社とした。2008年には，デアリーファーマーズ社を100％子会社にした。さらに，2009年にはライオンネイサンを100％子会社にするとともに，サンミゲルビール社への投資を48％までに高めた。2010年には，事業ポートフォリオの選択と集中を進めるという目的で，亜久里バイオ事業を売却した。このようにM&Aを積極的に行っている。

M&Aの投資の事前評価に当たっては，経営企画部に対して投資案ごとにベスト・エスティメートを1つ提出させている。計画財務諸表は，10年間のP/L，B/S，C/Fを詳細に予測してExcelベースでMVA（market value added; 市場付加価値）を算定させている。ここでのMVAとは，EVAを資本コスト5％（＋カントリーリスクプレミアム）で割引き，株主資本の時価総額を差し引いた正味現在価値のことである。収益と費用の見積りは難しいが，投資する基準年の

P/LとB/Sを提出させるとともに販売量の伸び率など見積りの前提条件を書かせ，経理部が審査している。ターミナルバリューは計画対象期間翌年度のフリー・キャッシュフローを資本コスト率で割引くパペチュアル法で算定するという。

他方，撤退基準も投資決定基準と一貫性を保つためにEVAを判断基準の1つとしている。例えば，事業会社のEVAが連続でマイナスであったり，前年より悪化するようなケースでは，定量基準としてEVAやキャッシュフローなどで対象会社を選定する。再建のシナリオが描けないときは撤退もあったが，現在は再建に向けて協議を行うようになってきているという。

以上のように，EVAはM&Aの投資と撤退の判断基準としてキリン・グループに浸透している。また後述するように，バランスト・スコアカードの財務の視点でもEVAを重視（藤野・挽，2004）しており，キリン・グループではEVAを成果の最も重要な尺度にしていることがわかる。

4-3. 企業戦略としてのシナジー創出

2010年からの中期経営計画には，3つの基本方針がある。第一は，事業会社の成長促進とシナジー創出によるグループ価値向上である。第二は，グループ価値向上のための財務戦略として，質的拡大の実現により，キャッシュフローを増加させて，株主還元及び財務健全性の確保を行う。第三は，社会と共生する企業グループとしてCSRを実践する。

第一の基本方針のためには，綜合飲料グループ戦略を推進するという戦略シナリオの下で，グループシナジーの創出，リーン経営の実現，卓越した技術力と顧客関係力の構築という戦略課題を追求していく。綜合飲料グループ戦略の推進というシナリオは，酒類と飲料という事業間で活動を共同化したり経営技術を転用したりすることで，専業メーカーにはできない価値を創造することである。戦略課題1のグループシナジーの創出では，売上シナジーだけでなく，確実性の高いコストシナジーの創出に聖域なく取り組む。戦略課題2のリーン経営の実現では，お客様価値につながらないムリ・ムダ・ムラを排除して，PDCAを回して環境適応力を高める。戦略課題3の卓越した技術力と顧客関係力の構築では，「多様性」「国際性」「経営力」のある組織作りに向けた経営資源の重点投資と人材育成・配置体系を構築する。

グループシナジーの創出とグループ経営による価値創造のプラットフォームとしてクロス・カンパニー・チーム（cross companies teams；CCT）を設定した[2]。CCTによって，事業拠点の最適化や事業統合など，事業会社単位では着手しにくいことにもグループ横断で取り組む必要があるからである。効果が計算できるコストシナジーが最優先課題になるという。

　例えば，図表2－2に挙げるようなシナジー創出の取り組みを行っている。営業・マーケティングでは，キリンビールとメルシャンとの間，キリンビールとキリンビバレッジとの間の業務共同化やスキル移転を行っている。生産・物流では，キリンビール，キリンビバレッジ，メルシャン3社の生産・物流拠点の最適化と機能の共同化やスキルの移転を図っている。
　研究開発では，グループR&D拠点最適化を実施している。調達では，共同購買，業務の集約，情報システムの標準化を実施している。また，資産を圧縮したり投資予算管理ルールを見直したりしてキャッシュフロー・マネジメントを検討している。グループの中で重なりのある事業領域を統合したり，グループ内業務アプリケーション・システムを統合したり，ITインフラ・サービス・レベルの適正化を図ったりしている。

図表2-2　キリンビールのシナジー創出

営業・マーケ	KBとメルシャン間，KBとKBC間の業務共同化やスキル移転
生産・物流	KB，KBC，メルシャン3社の生産・物流拠点の最適化と機能の共同化やスキル移転
研究開発	グループR＆D拠点最適化
調達	共同購買，業務の集約，情報システムの標準化
資産圧縮・CFマネジメント	資産の圧縮，投資予算管理ルールの見直し
事業統合	グループの中で重なりのある事業領域の統合
人事インフラ	－
IT	グループ内業務アプリケーション・システムの統合，ITインフラ・サービス・レベルの適正化

出所：『キリングループ2010年中期経営計画』。

第2章 企業価値創造のインタンジブルズ・マネジメント

図表2-3　CCTのシナジー創出

CCT	取り組み内容	中計期間貢献目標
生産・物流	KB，KBC，メルシャン3社の生産・物流拠点の最適化と機能の共同化やスキル移転	50億円
調達	共同購買，業務の集約，情報システムの標準化	110億円
IT 他	グループ内業務アプリケーション・システムの統合，ITインフラ・サービス・レベルの適正化 他	40億円
合計		200億円以上

出所：『キリングループ2010年中期経営計画』。

　2010年から2012年の中期計画では，図表2-3のように，生産・物流で50億円，調達関係で110億円，IT等で40億円，要するにCCTによるシナジー創出として200億円以上の利益貢献を計画している。2010年実績として，図表2-3で明らかにしたCCTのコストシナジーを計画比2倍近くとなる198.6％を実現したと報告している。

4-4. レピュテーションの測定

　キリンはレピュテーションを明確に意図しているわけではないが，レピュテーションを無視しているわけでもない。レピュテーションの毀損を抑制するためのガバナンスについてはサステナビリティレポートと関連付けていると解釈できる。このレピュテーション毀損の抑制にかかわる測定では，主として社会価値と組織価値を結びつけて測定することになる。他方，レピュテーションの向上についてはバランスト・スコアカードと関連付けていると考えられる。このレピュテーションの向上にかかわる測定では，経済価値だけでなく，社会価値，組織価値が測定される。このように，レピュテーションの測定は2つのアプローチで行うことができる。本項では，図表2-4に示すように，これらのレピュテーション毀損の抑制にかかわる測定とレピュテーション向上にかかわる測定を取り上げる。

図表2-4　レピュテーションの2つの測定

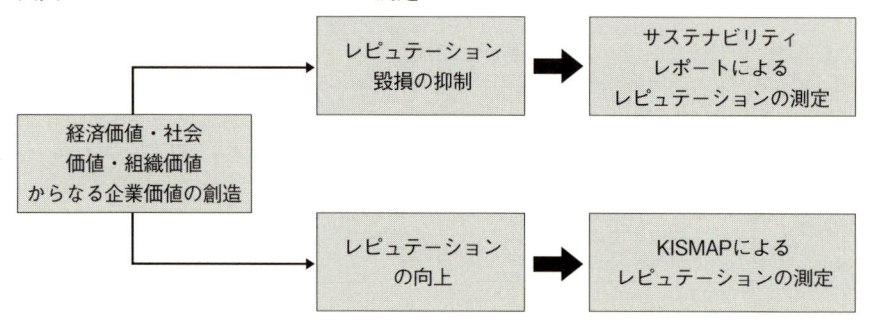

```
                    ┌─────────────┐      ┌─────────────┐
                    │ レピュテーション │      │ サステナビリティ │
                ┌──→│  毀損の抑制    │ ──→  │  レポートによる  │
┌─────────────┐ │   └─────────────┘      │ レピュテーションの測定│
│ 経済価値・社会 │ │                        └─────────────┘
│ 価値・組織価値 │─┤
│からなる企業価値│ │   ┌─────────────┐      ┌─────────────┐
│   の創造    │ │   │ レピュテーション │      │  KISMAPによる  │
└─────────────┘ └──→│   の向上     │ ──→  │ レピュテーションの測定│
                    └─────────────┘      └─────────────┘
```

4.4.1　レピュテーション毀損とレピュテーションの測定

　企業は株主や投資家から資本の提供を受けている。それに応えて経営者は株主や投資家とのコミュニケーションをとる必要がある。そのためには，ガバナンスのプロセスを強化する必要がある。ガバナンスの強化としてKaplan & Norton（2006, p.200）は，取締役会でバランスト・スコアカードを作成することを提案している。企業が作成した全社のバランスト・スコアカードを，業績を監視する取締役会との間で議論できるからである。

　キリンホールディングスは戦略マップを作成しているので，これを公表すれば戦略の透明性が高まる。また，バランスト・スコアカードによって戦略目標の目標値まで報告すれば，ガバナンスは一層強化される。しかし，キリンでは取締役会がバランスト・スコアカードを作成しているわけではない。そこで，『キリングループサステナビリティーレポート2010』と『キリングループサステナビリティーレポート2011』[3]を利用して，社会価値と組織価値からなる非財務業績とガバナンスの取り組みを検討する。

　まず非財務業績の測定について検討しよう。マテリアルバランスの測定に関連して，インプットとしてはエネルギー，水，物質を，これに対してアウトプットとしてはCO_2排出量，排水，廃棄物，NO_xとSO_xを測定し報告している。インプットの代表である水使用量は，1990年度比で2009年は50％，2010年は56％削減した。また，アウトプットの代表であるCO_2排出量削減は，1990年度比で2009年は31％，2010年は32％削減した。製造，物流，オフィスのバリューチェーン全体での取り組み結果である。

また，サプライヤーとの共生としては，サプライヤーの満足度調査とサプライヤーへのCSR調達の調査を行っている。満足度調査については，集計結果から評価の高い項目と改善が必要な項目を特定している。例えば，「調達担当者がコンプライアンス，CSRを意識して行動していますか」，「キリンの支払業務は効率的ですか」，「調達担当者によらず受け入れ検査は同じ基準，同じ手順で実施されていますか」は評価の高い項目であった。他方，「年間発注量の決定プロセスは納得できますか」，「新商品・コスト抑制策等の提案に対して，相応の見返りが見込めましたか」は評価の低い項目であった。

　他方，CSR調達のためのサプライヤー調査は，すべての新規サプライヤーとこれまで監査を受けていないサプライヤーに包括的な実施に向けて進めている。2010年度は酒類事業部門の調査を実施した。質問事項は，以下の7点である。

① 品質及び製品の安全性
② 品質管理システム
③ 原材料成分管理
④ 設備管理
⑤ セキュリティ，安全管理及び環境保全
⑥ 非常時における事業継続計画
⑦ 外部調達の状況，従業員及び社会との共生

　以上のように，社会価値について業績目標値と実績値を定量的に報告したり，課題の特定を行ったりしている。ただし，目標値が戦略と結びついているかどうかはこれだけでは定かではない。

　組織価値としては，「人間性の尊重」を標榜しており，「自ら成長し，発展し続けようとする従業員1人ひとりの努力と個性（人間性）を尊重し，完全燃焼できる場を提供する」と明示している。会社と従業員は仕事を介してつながっている「イコール・パートナー」の関係にあるという。つまり，従業員は，自律的なキャリア形成，主体的なジョブデザイン，社会人としての自律をコミットメントする。他方の会社は，プロの仕事人への育成，個人のミッションの明確化，公正な処遇をコミットメントする。このような関係を構築することを重視している。このように組織価値については，「人間性の尊重」という極めて重要な考えを明らかにしているが，戦略との結びつきはまったく不明である。例えば，従業員のスキルや組織文化，リーダーシップ，チームワークなどを戦

略と結びつけて，可能な限り定量化して報告すべきである。

　次にガバナンスに関しては，コーポレート・ガバナンス体制を明示し，リスクマネジメントとして危機管理と情報セキュリティ体制を確立し，その強化を行っている。危機管理だけでなく，東日本大震災のようなクライシスの発生に備えて，事業継続計画の策定を行っている。コンプライアンスについても，ガイドラインを『The RULE』にまとめ，従業員に配布している。また，コンプライアンス研修を行っており，相談窓口（ホットライン）を設置して，通報制度を設けている。連結子会社のメルシャンの水産飼料事業で不適切な取引が露呈したために，2010年6月に第三者委員会を設立した。不祥事の再発防止への取り組みも行われている。さらに，地域社会との共生も取り扱っている。ところが，ガバナンスにかかわる社会貢献や企業倫理の測定は必ずしも明らかではない。

　以上で述べたように，サステナビリティレポートで非財務業績ないしガバナンスを作成しているが，すべての指標に対して目標と実績を定量的に報告しているわけではない。Kaplan & Norton（2004）が提案しているレディネス評価はこれらの困難な項目の測定に適している。つまり，ガバナンス体制もしくはコンプライアンス体制の成熟度を測定することも検討すべきである。また，戦略と結びつけて財務と非財務の業績を管理するには，戦略のマネジメントシステムとして構築されたバランスト・スコアカードと結びつけるのが有効である。そこで次に，レピュテーション向上に向けてバランスト・スコアカードとの連結を検討しよう。

4.4.2　レピュテーションの向上とレピュテーションの測定

　レピュテーションの向上はバランスト・スコアカードと結びつけることで実現できる。キリンでは戦略実行のマネジメントシステムであるバランスト・スコアカードをKISMAP（Kirin Innovative & Strategic Management Action Program）と呼称している。このKISMAPをレピュテーションの向上という観点で検討する。

　キリンホールディングスで策定した戦略マップとの連携を図って，各事業会社ではKISMAPを構築している。このKISMAPは戦略の可視化であるが，戦略目標と尺度を設定し，これを測定して管理する戦略の業績評価としても機能している。

キリンホールディングスの戦略マップでは，経済価値を財務の視点にかかわるEVAの向上で測定している。また社会価値は，顧客に限定して，顧客の視点にかかわるブランド貢献度で測定している。ブランド貢献度とは，購入してくれたお客へのアンケート調査により，利便性や効用といった価値を重視して購入したか，商品から得られる良い感情，例えば爽快感，快適性，信頼性や安心感によって購買したかを数値化し，後者の情緒的部分のことをいう。

これらを実現するために内部プロセスの視点と組織価値としての学習と成長の視点の戦略目標を設定している。『2007-2009年 キリングループ中期経営計画―KV2015ステージⅠ―』[4]によれば，プロセスの視点の戦略テーマとして「本社発信の充実」，「地域でのコミュニケーション」，「楽しさの提供」，「次世代育成と生態系保全」，「お客様の声の反映」を設定している。これらの戦略テーマは，まず事業を創造し，これをグループ内はもちろんのこと地域や顧客とのコミュニケーションを行っていくような戦略目標のグルーピングである。どの事業会社も，1つ以上の戦略テーマとかかわるプロセスの戦略目標を設定する必要がある。最後に学習と成長の視点は，内部プロセスの視点の戦略テーマを実現するインフラを構築する戦略目標を設定する部分である。この学習と成長の視点の戦略目標設定では任意の戦略目標を選択できるが，何を設定すべきかで現場は苦労しているようである。

以上のように，バランスト・スコアカードの戦略目標と尺度を向上することによってレピュテーションの3つの価値が向上し，企業価値が創造されると考えられる。つまり，レピュテーションの向上を意図してバランスト・スコアカードと結びつけて測定と管理を行う必要がある。ところで，サステナビリティレポートを通じて報告されている社会価値や組織価値もバランスト・スコアカードと結びつけて戦略との関係で測定し管理する必要があろう。学習と成長の視点の戦略目標を設定するのに事業会社が苦慮しているとすればなおさら，組織価値の測定を検討する必要がある。

レピュテーション毀損の抑制とレピュテーションの向上を同列に議論することは困難であるため，それぞれを戦略テーマに区分してレピュテーションを測定するとともに，企業価値創造に寄与するように努めることを提案する。また，学習と成長の視点は内部プロセスの視点の戦略目標を支援する準備度合いの評価として，レディネスを測定し管理することができる（Kaplan & Norton,

2004)。レディネス評価はレピュテーションの組織価値を測定する効果的な手段だからである。

4-5. 事業戦略のためのバランスト・スコアカードと業績評価

　キリンホールディングスでは，戦略実行のためにバランスト・スコアカードを用いて戦略の連鎖・連携及び目標へのコミットメントを強化したり，内部プロセスの管理を重視している。また，環境変化が激しい上に悪化する中で，戦略のPDCAを短縮化して戦略修正を行っている。

　また，キリンホールディングスでは，事業ごとに横軸にブランド貢献度，縦軸に収益性（営業利益/投下資本）をとったポートフォリオを作成してグループを管理している。ブランド貢献度は，キリンのブランド価値向上を目指すとビジョンに明示していることからも，キリンホールディングスでは非常に重視している。このブランド貢献度は，既述したように消費者調査に基づいて算定されたものである。ブランド貢献度の算定に当たっては，事業の購入時あるいは運用時のブランドの効き具合とブランドの強さ及びその安定性，「KIRIN」ブランドとの関連性の調査によって測定されるという。このブランド貢献度はインターブランド社のブランド評価をキリン・グループ流にブランドの役割指数へとアレンジしたものである。また，内部プロセスと学習と成長の視点は，事業会社の戦略と結びつけて戦略目標を設定し，測定して管理している。

　キリンホールディングスの企業戦略と連携を図って各事業会社は事業戦略を立案し，戦略をKISMAPによって可視化している。KISMAPは戦略を可視化するツールであるとともに，戦略実行の進捗度を測定する機能を持っている。さらに，組織の業績評価にも用いることができる。

　事業会社の事後業績評価は，EVAを含むバランスト・スコアカードのKPIで評価している。具体的には，KISMAPの指標10個程度で業績評価を行って社長，部長，部門長までの報酬に反映させている。日常的には月次報告と四半期モニタリングを行っている。4つの視点に区分して配点を定め，事業会社では財務，お客様のウェイトが高く，逆に機能分担会社やキリンホールディングス各部門では，プロセスのウェイトを高くしている。視点ごとに特定の指標を設定し，5点もしくは10点を配点している。財務の視点に共通指標も設定さ

れているが，事業会社個別指標も設定できる。例えば，事業EVAは共通指標である。お客様の視点では，共通指標としては事業のブランド貢献度と，他にも事業ごとに個別指標を任意に選択できる。プロセスの視点は任意に選択できるが，戦略テーマから少なくとも１つ以上の指標は選択しなければならない。最後に学習・成長の視点では任意の指標を選択できるが，少なくとも１つ以上の指標を設定させている。

　以上のように，KISMAPは戦略の可視化と戦略の進捗度を評価できる。また，同じフレームワークの下で組織の業績評価を実現してくれる。このように戦略と組織の業績評価にかかわって測定できるツールはなかった。レピュテーションの測定について付言すれば，戦略と業績評価に関連付けられているといえよう。

5 インタンジブルズ・マネジメントの検討

　キリンホールディングスでは，企業価値向上の源泉として，多様なインタンジブルズをマネジメントしていた。キリンホールディングスの事例に基づいて，インタンジブルズのマネジメントについて検討する。ここでは，インタンジブルズとして極めて重要な価値観の変革とインタンジブルズのマネジメントを取り上げる。

5-1．価値観の変革

　キリン・グループの2001年や2004年の中期計画では，国内の酒類を中核とする計画だった。そのため，売上高も2001年から2006年までは1.6兆円前後，自己資本比率も50％前後を推移していた。自己資本比率の高さからも保守的な経営体質と判断できる。そのキリン・グループが2006年にKV2015という長期ビジョンを策定して，まず価値観を変革している。第一次の中期計画は，2008年度末実績で，営業利益率以外の海外売上高比率と売上高は目標を達成している。その間に純資産は1.1倍となったが，自己資本比率は50％から35％に低下した。これは営業利益率を変えずに2015年度までに売上高や売上高と営業利

益の海外比率を倍増させるというKV2015を実現するためのM&Aが行われた結果である。保守的なキリン・グループが積極的なM&Aを実行するというように，価値観が大きく変化した。

　価値観の変革を行いながらM&Aを活発に行うために事前・事後の投資評価基準をEVAに統一した。このEVAは，キリン・グループでは，2001年1月に事業再編とともに事業会社の業績評価としてEVAを導入したものである。自己資本比率が低下した現在でも，EVAは業績評価指標として利用されている。株主価値を満足させるためにはEVAは重要な指標である。株主満足だけでなく，顧客満足のためにインターブランド社のブランド価値をアレンジしたブランド貢献度を導入している。バランスト・スコアカードの財務の視点とお客様の視点をEVAとブランド貢献度という成果尺度で密接に関連付けたことは非常に興味深い。

5-2. インタンジブルズのマネジメント

　第2節で述べたように，Kaplan & Nortonはインタンジブルズである学習と成長の視点の戦略目標を内部プロセスの視点の戦略目標と連動することを提案している。これに対してキリンでは，主として事業会社を対象としたKISMAPだけを独立に扱ってマネジメントしているわけではない。つまり，企業戦略としてのビジョンから戦略の実行までを連動させたマネジメントを行っていると考えられる。このようにインタンジブルズにかかわる全体の関係を構築するインタンジブルズ・マネジメントを考えていると想定できる。キリンの事例に基づいてインタンジブルズ・マネジメントのフレームワークを図表2-5のように示すことができる。この図を用いて，インタンジブルズ・マネジメントの意義をまとめる。

　キリン・グループは，国内のビール需要が飽和状態にあるという危機意識を持ち，企業価値創造に向けてKV2015というビジョンを打ち立てた。このビジョンを実現するために，積極的にM&Aを展開するという価値観の変革が起こった。価値観の変革によって投資が促進されたため，計画と実績との評価基準を統一することで合理的な投資判断ができるようになった。このような投資基

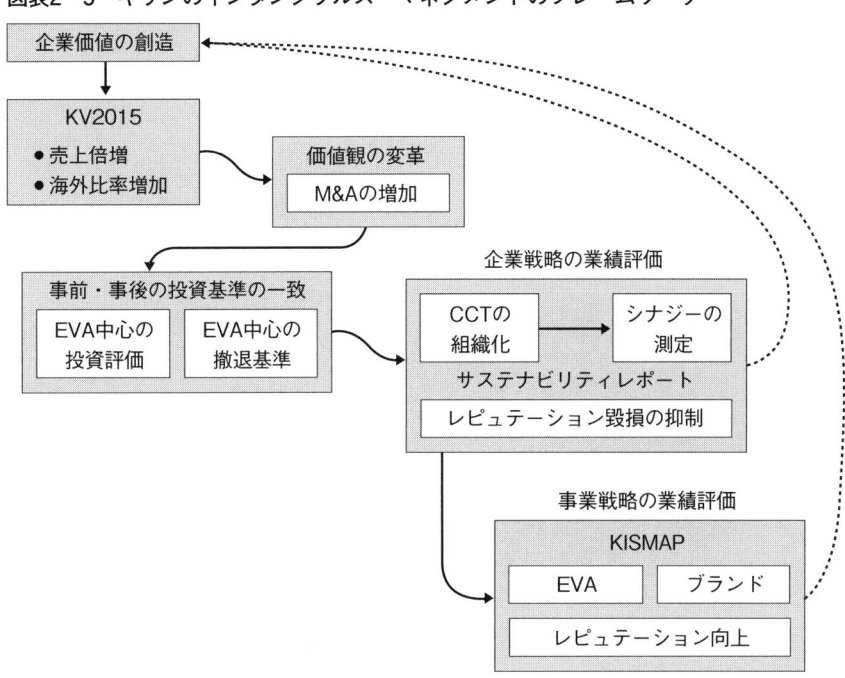

図表2-5 キリンのインタンジブルズ・マネジメントのフレームワーク

```
企業価値の創造
    ↓
  KV2015 ────→ 価値観の変革
 ・売上倍増        M&Aの増加
 ・海外比率増加
    ↓
事前・事後の投資基準の一致     企業戦略の業績評価
 EVA中心の  EVA中心の         CCTの     シナジーの
 投資評価   撤退基準          組織化     測定
                            サステナビリティレポート
                            レピュテーション毀損の抑制

                              事業戦略の業績評価
                                 KISMAP
                              EVA    ブランド
                              レピュテーション向上
```

準を持つこともインタンジブルズの1つである。また，M&Aを成功させるノウハウやシナジー創出のためのCCTの組織化といったインタンジブルズも創造されたと考えられる。重要なことは，インタンジブルズ・マネジメントが一貫性を持って実行されている点である。

6 まとめ

　本稿では，インタンジブルズを無形の企業価値源泉というように広義に捉えた。インタンジブルズの研究には，インタンジブルズを外部報告としての財務諸表へのオンバランスをする研究，インタンジブルズを測定しようとする研究，インタンジブルズを構築するリーダーシップを対象とする研究などがある。こ

のような中で，インタンジブルズをいかにマネジメントすべきかに焦点を当てることをまず明らかにした．

インタンジブルズをマネジメントするには測定が行われなければならない．そこで，インタンジブルズとしてのレピュテーションとブランドの測定を検討した．その結果，企業価値とレピュテーションの関係を検討して，経済価値，社会価値，組織価値という側面でレピュテーションを測定すべきであることを明らかにした．また，レピュテーションとバランスト・スコアカードの関係を検討して，バランスト・スコアカードとの因果関係を持ってレピュテーションを構築すること，すなわち，組織価値が社会価値に影響を及ぼし，社会価値が経済価値に影響を及ぼすというような因果関係を構築することが重要であることを明らかにした．さらに，ブランドについては，インターブランド社のブランド価値モデルを紹介して，ブランド価値はEVAの現在価値の情緒的価値部分であることを明らかにした．

このようなレピュテーションとブランドの測定を概説した後，具体的にキリンの事例研究を行った．まずキリンの長期ビジョンを明らかにして，価値観変革の重要性を示した．この価値観変革によってM&Aが推進されたために，投資判断と撤退のための統一基準としてのEVAが大きな意味を持ってくる．また，新たな投資案件と既存の事業とのシナジーという課題が発生するために，企業戦略としてのシナジー創出を取り上げた．また，サステナビリティレポートを報告しているため，その中でレピュテーション毀損の抑制を測定するよう提案した．さらに事業戦略とのかかわりで，KISMAPによる業績評価を明らかにした．KISMAPによってレピュテーションの向上を測定すべきであることを提案した．シナジー，レピュテーション毀損，レピュテーション向上を測定することで，インタンジブルズを管理しており，その結果として企業価値の創造が行われている．

以上，インタンジブルズをマネジメントするには，インタンジブルズを他と無関係に取り上げるのではなく，ビジョンや価値観，投資評価基準，企業戦略とシナジー創造，事業戦略と業績評価制度，さらにレピュテーションといった要素を密接に関連付ける必要がある．もちろんキリンが本稿で提案したインタンジブルズのマネジメントを構築しているわけではない．本稿は，キリンを事例として取り上げ，キリンが採用したと考えられるインタンジブルズ・マネジメントのフレームワークを提案した．今回のフレームワークは一般的な提案で

はないが，多くの企業にとってインタンジブルズのマネジメントを考えるヒントになるものといえよう。

[謝辞]
　インターブランド社では，2009年11月19日と12月1日に，中村正道氏（シニアアカウントディレクター）と田中英富氏（エグゼクティブコンサルタント）にご教授いただいた。また，キリンビールでは，2006年12月14日，2007年6月14日，2008年3月17日，2011年6月21日の4回，それぞれ1時間半から2時間のインタビューを行った。百武直樹氏（経営監査部部長），石原基康氏（当時経営企画部主幹），安藤亮氏（コーポレートコミュニケーション部IR室長），阿部泰二氏（経営戦略部主査），家村健一氏（経営戦略部主査），石丸弘一郎氏（経営戦略部主査）にご協力をいただいた。感謝の意を表してここに記す。

　また，専修大学から研究助成「インタンジブルズの管理会計研究」を受けた。本稿はその成果である。

[注記]
1)『キリン・グループ・ビジョン2015』は以下のアドレスからダウンロードできる。
　http://www.kirinholdings.co.jp/irinfo/event/plan/index.html, 2011.11.10現在。
2) CCTは『2010-2012年キリングループ中期経営計画』に詳しい（2011.11.10現在)。
　http://www.kirinholdings.co.jp/irinfo/policy/strategy/pdf/2010_2012medium-term.pdf.
3)『キリングループサステナビリティーレポート』は以下のURLからダウンロードできる。
　http://www.kirinholdings.co.jp/csr/report/pdf/index.html, 2011,11.10現在。
4)『2007-2009年　キリングループ中期経営計画　–KV2015ステージⅠ-』は以下のURLからダウンロードできる。http://www.kirinholdings.co.jp/irinfo/event/plan/index.html, 2011.11.10現在。

[参考文献]
Cabrilo, S., Z. Uzelac and I. Cosic (2009) "Researching Indicators of Organizational Intellectual Capital in Serbia," *Journal of Intellectual Capital*, Vol.10, No.4, pp.573-587.
Collis, D. J. and C. A. Montgomery (1995) "Competing on Resources: How do You Create and Sustain a Profitable Strategy?," *Harvard Business Review*, July-August, pp.118-128.
Fombrun, C. J. (1996) *Reputation: Realizing Value from the Corporate Image*, Harvard Business School Press.
Ittner, C. D. (2008) "Does Measuring Intangibles for Management Purposes Improve Performance?:

A Review of the Evidence," *Accounting and Business Research*, 38（3）, pp.261-272.

Ittner, C. D. and D. F. Larcker（1998）"An Nonfinancial Measures Leading Indicators of Financial Performance?: An Analysis of Customer Satisfaction," *Journal of Accounting Research*, 36（Supplement）, pp.1-35.

Ittner, C. D., D. F. Larcker and M. W. Meyer（2003）"Subjectivity and the Weighting of Performance Measures: Evidence from a Balanced Scorecard," *The Accounting Review*, 78（3）, pp.725-758.

Jhunjhunwala, S.（2009）"Monitoring and Measuring Intangibles using Value Maps: Some Examples," *Journal of Intellectual Capital*, Vol.10, No.2, pp.211-223.

Kaplan, R. S. and D. P. Norton（1992）"The Balanced Scorecard: Measures that drive Performance," *Harvard Business Review*, January-Feburary, pp.71-79（本田桂子訳（1992）「新しい経営指標"バランスド・スコアカード"」『Diamond ハーバード・ビジネス・レビュー』4-5月号，pp.81-89）

Kaplan, R. S. and D. P. Norton（2004）*Strategy Maps: Converting Intangible Assets into Tangible Outcomes*, Harvard Business School Press.（櫻井通晴・伊藤和憲・長谷川惠一監訳（2005）『戦略マップ』ランダムハウス講談社）

Kaplan, R. S. and D. P. Norton（2006）*Alignment: Using the Balanced Scorecard to Create Corporate Synergies*, Harvard Business School Press.（櫻井通晴・伊藤和憲監訳（2007）『バランスト・スコアカードによるシナジー戦略』ランダムハウス講談社）

Lev, Baruch（2001）*Intangibles: Management Measurement, and Reporting*, Brookings Institution Press（広瀬義州・桜井久勝監訳（2002）『ブランドの経営と会計』東洋経済新報社）

Marr, B., G. Schiuma and A. Neely（2004）"The Dynamics of Value Creation: Mapping Your Intellectual Performance Drivers," *Journal of Intellectual Capital*, Vol.5, No.2, pp.312-325.

Sanchez, P., C. Chaminade and M. Olea（2000）"Management of Intangibles: An Attempt to Build a Theory," *Journal of Intellectual Capital*, Vol.1, No.4, pp.312-327.

Ulrich, D. and N. Smallwood（2003）*Why the Bottom Line Isn't!: How to Build Value Through People and Organization*, John Wiley & Sons.（伊藤邦雄監訳（2004）『インタンジブル経営』ランダムハウス講談社）

伊藤和憲（2009）「インタンジブルズの測定にかかわる管理会計上の課題」『産業経理』69（2），pp.70-79。

伊藤和憲（2010）「第2章　戦略実行のインタンジブルズ・マネジメント」『インタンジブルズの管理会計研究―コーポレート・レピュテーションを中心に―』日本会計研究学会第69回大会最終報告書，pp.15-24。

伊藤邦雄・加賀谷哲之（2001）「企業価値と無形資産経営」『一橋ビジネスレビュー』49（3），pp.44-62。

櫻井通晴（2008）『レピュテーション・マネジメント―内部統制・管理会計・監査による評判の管理―』中央経済社。

櫻井通晴（2009）『管理会計（第四版）』同文舘出版。

田中英富（2005）「ブランドバリュー・マネジメント」『Aoyama Management Review』9,

pp.49-60。
谷本寛治（2006）『CSR: 企業と社会を考える』NTT 出版。
藤野雅史・挽文子（2004）「キリンビールにおけるカンパニー制のもとでの EVA とバランスト・スコアカード」『企業会計』56（5），pp.57-64。

第3章

経営戦略とリスクマネジメント
―ERM のフレームワーク，デローチから ISO 31000 まで―

1 はじめに

　戦略とは経営上の意思決定の問題であり[1]，戦略とリスクとは表裏一体のもの，あるいは同義といえるものである。企業のリスクマネジメントにおいて，戦略のリスクは最重要なものであることは疑いないが，リスクマネジメントにおいて，戦略のリスクに焦点を当てた研究は必ずしも多くはない。同様に，全社的リスクマネジメント（Enterprise Risk Management；以下，ERM）[2]のフレームワークをみても，戦略との関連が強調されているわりには，戦略のプロセスは除外されているし，ERM が事業のイノベーションや成長に役立ちうるものであることを示すことに成功しているとはいえないとの指摘もある（Henriksen and Uhlenfeldt, 2006, p.107）。ERM のフレームワークには戦略策定プロセスが含まれていないのであろうか。仮にそうだとしたら，それはなぜであろうか。ERM における戦略リスクの重要性からして不可解なことであり，そのような観点から代表的なフレームワークを検討してみたい[3]。

　仮説として考えられるのは，第一に，戦略とは「全社的」あるいは「全体的」なものであり[4]，ERM のフレームワークの全体に及んでいるものであって，そこから読み取るべきものとされていることである。この場合には，それらのフレームワークが経営戦略を包含するものであること，そして戦略の立案に関しても十分な指針や方法論を提供するものであることが明らかにされなければならない。第二に，経営戦略は経営学の一大分野をなすものであるので，戦略のリスクマネジメントは経営戦略論にゆだねられているということである。その場合には，経営戦略論が戦略のリスクマネジメントに相当するものであるかど

うかが問題となるであろう。第三に，第一でも第二でもないとすれば，戦略のリスクに光を当てた新たなフレームワークが必要とされるであろう。

　わが国の企業になかなかERMが浸透しないのは，ERMが投機的リスクをも対象とするものであること，したがって経営戦略と同等のものであるということが，経営の実務において十分に認識されないためではないかと考えられる。ERMの導入とは，経営戦略を担当する「経営企画部」とERMを担当する「リスク管理部」が一体のものとなること，あるいは担当レベルでは分掌されていても，経営レベルでは統合されていることを意味するものである。ERMの実践において最も必要とされるものは，いうまでも無くトップのコミットメントである。ERMが経営戦略と同じものであるということになれば，経営者にとってこれ以上のインセンティブはないであろう。

2 ERMのフレームワーク

2-1 代表的なフレームワーク

　Henriksen and Uhlenfeldt（2006）ではERMのフレームワークとして①Enterprise-wide Risk Management（DeLoach, 2000），②FERMAのイギリス規格（FERMA, 2003），③全社的リスクマネジメントの枠組み（COSO, 2004），④オーストラリア・ニュージーランド規格（AS/NZS 4360: 2004）の4つを取り上げている。DeLoach（2000）はERMに関する先駆的な代表作である。FERMAは欧州のフレームワークである。COSO（2004）は内部統制に関するグローバルスタンダードであるCOSO（1992）から発展したものである。AS/NZS 4360: 2004は世界初のリスクマネジメント規格であるAS/NZS 4360: 1995とAS/NZS 4360: 1999が改訂されたものである。[5]

　この論文では，①DeLoach（2000），②COSO（2004），及びリスクマネジメントの国際規格である③ISO 31000の3つを比較検討することにする。DeLoach（2000）は国際的な会計事務所の経営コンサルティング活動の中から生まれたもの，COSO（2004）は内部統制のフレームワークであるCOSO（1992）を踏襲するもの，ISO 31000はリスクマネジメント規格としてAS/NZS 4360:

2004の系譜を引くものであるが，それらがERMに関する主要なフレームワークであることについては異論のないところであろう。[6]

　3つともERMのフレームワークであるので純粋リスクのみでなく，投機的リスクをも対象とするものである。DeLoach（2000）は，純粋リスクと投機的リスクという代わりに，前者を「リスク」，後者を「機会（opportunity）」というが，両者を表裏一体のものとする点において，投機的リスクも対象にするのと同等である。リスクの定義は「起こりうる結果のばらつき（distribution of possible outcome）」であり，不確実なリターンにはポジティブな価値とネガティブな価値を持つものがあり，リスクとはあらゆるものに本来的に潜在するものであるとしている（DeLoach, 2000, p.48）。同様にCOSO（2004，翻訳，p.20）におけるリスクの定義は「目的の達成を阻害する影響を及ぼす事象が生じる可能性」であり，「目的の達成にプラスの影響を及ぼす事象が生じる可能性」である。

　ISO 31000のリスクの定義は「目的に対する不確かさの影響（effect of uncertainty on objectives）」である。リスクマネジメント用語の規格であるISO/IEC Guide 73: 2002では，リスクは「事象の発生確率と事象の結果の組み合わせ」であり，備考で「結果は好ましいものから好ましくないものまで変動することがある」とされていた。したがって純粋リスクに限定するものではないものの，投機的リスクを明確に含めるものでもなかった（越山，2009, p.159）。ISO 31000とともに改訂されたISO/IEC Guide 73: 2009では，注記1で「影響とは，期待されていることから，好ましい方向及び／または好ましくない方向に逸脱する」こととされたので，投機的リスクも対象とされるに至っている。

　ERMの邦語は全社的リスクマネジメントあるいは統合的リスクマネジメントが一般的である。企業経営の文脈で「全社的」とか「統合的」といわれるとき，それらが意味するのは「経営者のコミットメント」であり，「部門・機能・文化横断的な取り組み」であり，「部分最適ではなく全体最適な経営」であり，「戦略性」である。ERMが「経営戦略型リスクマネジメント」[7]であるとされる所以であるが，3つのフレームワークにおいて「経営戦略」がどのように扱われているか，その異同を明らかにし，評価することとしたい。

2-2 Enterprise-wide Risk Management (DeLoach, 2000)

　DeLoach (2000) はアーサーアンダーセンの勤続29年のパートナーであるJames W. DeLoachが中心となって著したものである。アーサーアンダーセンのプロジェクトチームが2年間にわたって60社以上，100人以上の経営者にインタビューした結果などに基づくものである。そこからいえることは，DeLoach (2000) が提唱したEWRMは，単に観念的，規範的に主張されたものではなく，革新的なマネジメントの実務から抽出された知見を帰納的にまとめたものであり，EWRMは企業経営の進化とともに，いわば必然的に形成されたものであるということである。[8] その後10年間に数多くの類書が出版されているが，[9] 現代的RMに関する記念碑的な著作としてのDeLoach (2000) の価値はいまだに色あせてはいない。

　その内容は，第1章「価値創造のためにリスクをマスターする―ERMとは

図表3-1　EWRMを導入している企業の例

	プロフィール	特徴
Diageo plc	バーガーキング，ギネスなど有名ブランドの持ち株会社	リスク重視の事業計画，バランスト・スコアカードを利用
Enron	アメリカの天然ガス，電力の製造・取引業者	リスクとリターンに焦点，最高水準のEWRM
Holderbank	スイスのセメント・コンクリート業者，世界中に40社，4万人以上	共通言語と統一プロセス，知識共有，リスク集積，最適化
Hydro-Quebec	国営企業から国際的なエネルギー開発供給業者への脱皮を模索中	リスクはあらゆる計画・活動のDenominator（共通の特徴）
The Royal Mail	イギリスの売上高60億ポンドの郵便サービス会社	ラインマネジャーのツール，組織改革，質経営と統合
Eidos	イギリスのゲームソフト・メーカー，売上高は3億6,500万ドル	リスクと機会に焦点
MarineMax	アメリカのレジャー・ボート販売業者，売上高は3億ドル	基本的な組織原理，共通言語，リスクマップを利用

出所：DeLoach (2000) から作成。

何か,なぜ重要なのか—」,第２章「EWRMへの進化」,第３章「共通言語—必須の出発点—」,第４章「リスクマネジメントの目標,目的とオーバーサイト—基礎を築く—」,第５章「統一的なプロセス—リスクを評価し戦略を開発する—」,第６章「必須のインフラ構造—リスクマネジメント能力を設計し実行する—」,第７章「リスク戦略,プロセス,方法の継続的改善」,第８章「徹底的な実践 (Taking it all the way)」,第９章「旅立ち (Getting started)」からなり,EWRMを導入している先進的な企業７社の事例も詳しく紹介されている (図表３-１)。

　DeLoach (2000) の特徴はその序文によく現れている。冒頭からCEOに当てたメッセージとなっており,企業リスクマネジメント (Business Risk Management) はCEOにとって不可欠なものであり,競争優位と成長の源泉であること,企業経営の変化とともに進化しなければならないこと,伝統的なビジネスモデルはリスクを後知恵的にしか捉えていないこと,したがって伝統的なRMでは変化してやまない未来のリスクと機会には対処できないこと,現代的RMはリスクと機会と資本を最適化することによって価値を創造するものであること,リーダーシップを求めるものであること (This book is a call for leadership.),そして末尾では,EWRMは強力なマネジメントのプロセスであり,そこで提示されたフレームワーク (理論の枠組み) と方法論と事例は必ずや経営者をひきつけ魅了するに違いないと述べている。

　ERMが全体的,統合的,前向き,プロセス指向のものであること,そのマネジメントプロセスが「目標 (goal) と目的 (objective),共通言語,監視構造」のもとで「リスクアセスメント」→「リスクマネジメント戦略」→「リスクマネジメント能力の開発」→「モニタリング」→「能力の改善」というサイクルを回すものであることは,どのフレームワークにおいても大同小異である (DeLoach, 2000, p.116)。

　DeLoach (2000) において重要なのはリスクオーナー (risk owner) の概念である。リスクオーナーとは文字通り「リスクの所有者」であり,リスクに対して責任を持つ者,あるいは直接的にリスクの影響を受ける者のことである。リスクオーナーは共通言語,前向き・継続的なプロセスとともに,リスクアセスメントの三要素であり,リスクオーナーがリスクを特定し,リスク源を突き

図表3－2　リスク処理手段・リスク戦略・リスク対応

	伝統的 RM	DeLoach (2000)	COSO (2004)	ISO 31000
名称	RM Technique	RM Strategy	Risk Treatment	Risk Treatment
内容	回避	回避	回避	回避
	損失制御	軽減	低減	最適化
	分離	活用		
	結合	保有	受容	保有
	移転	移転	共有	移転

止め，リスクと機会を測定するということを前向き継続的なプロセスとして行うのがリスクアセスメントである。それは「リスクマネジメントはスタッフ機能ではなく，ライン機能である」こと，「リスクはリスクにより近いところでより良く管理される」ということ，「リスクマネジメントは社員1人ひとりのものである」ことなどを象徴する用語である。

　リスクアセスメントに続くプロセスが「リスク戦略」であるというのもユニークな点である。伝統的RMでは「リスク処理手段（risk management technique）」であり，ISO 31000では「リスク対応（risk treatment）」だからである。さらに重要なのは名称だけではなくその中身である（図表3－2）。リスクの回避，保有，移転などは共通であるが，異なるのは損失制御の部分である。純粋リスクのみであれば，損失の制御でよいが，投機的リスクが含まれる場合には，どういうべきか，それをISO 31000では「最適化」と呼ぶことにした。好ましい影響と好ましくない影響をもたらすリスクについて，プラスとマイナスの関係を最適なものにするということである。それに対してDeLoach（2000）は，「軽減」と「活用（exploit）」という用語を使用している。軽減はともかく「活用」というところがDeLoach（2000）の面目躍如である。つまり「リスクをテイクする」ということを非常にストレートに表しているわけであり，リスクをとるためのリスクマネジメント，戦略のためのリスクマネジメントであるという特徴をよく示すものである。

　アンダーセン／朝日監査法人（2001）によれば，EWRMの特徴は「戦略整合性」と「環境適応性」である。DeLoach（2000）のサブタイトルは「リスクと機会

をリンクさせる戦略」であるが,全体を貫いているのは,リスクマネジメントを戦略に整合させるというよりは,むしろ「リスクと機会は一体である」したがって「リスクマネジメントと戦略は一体である」[11]という主張である。それはビジネスの戦略とリスクマネジメントの戦略は,前者が先にあり,後者はそれに合わせて作られるということではなく,同時並行的に1つのものとして策定されなければならないということである (DeLoach, 2000, p.93)。

　事例研究の7社のうち2社 (EidosとMarineMax) は大企業ではなく中堅企業である。それでもEWRMの導入に成功しているのは,規模が小さい分,マネジメントが現場のリスクにより近いからであり,リスクと機会により焦点を当てやすいからであるとされている。これはEWRMの真価をよく物語るエピソードである。一般に全社レベルで何らかのマネジメントシステムを導入する場合には,そのために必要とされる経営資源が問題とされる。そして中小企業が採用するのは難しいのではないかとされがちである。しかし組織が小さい,もしくはフラットであるというのが不利ではないというのは,1つにはそれがマネジメント (経営者) のものであるということ,もう1つは,お仕着せのもの (one-size-fits-all) ではないということ,換言すれば,ビジネスモデル,戦略,組織構造,資源の如何にかかわらず,どのような企業でも採用が可能なフレキシブルなものであるということがあるからである。

2-3　COSO-ERM (COSO, 2004)

　COSO (2004) と戦略のかかわりは,COSO (1992) がCOSO (2004) となった経緯と両者の関係が参考になる。1992年に発表されたCOSO (1992) はアメリカ公認会計士協会,アメリカ会計学会,内部監査人協会,管理会計士協会,財務担当経営者協会という5つの団体が共同で作成したものであり,そのルーツは内部監査である。COSO (1992) は内部統制のグローバルスタンダードとなり,そこでは「リスクの評価」が5つの構成要素の1つであったが,内部統制とリスクマネジメントの関係は自明のことではなかった。リスクマネジメントの立場からいえば,もともと内部統制はリスクマネジメントの一部であるべきところ (杉野, 2007),COSO (1992) は会計分野で生成発展したものであるために,そのような視点は必ずしも一般的なものではなかった。しかし2001

年の同時多発テロやエンロン社の破綻などもあって，リスクマネジメントの重要性が改めて強く認識されることとなり，COSOは2001年7月にERMに関するフレームワークの開発に着手し，2003年7月にCOSO（2004）の公開草案が公表された（COSO, 2004, 翻訳, pp.v, ix, x）。COSO（2004）のプロジェクト諮問委員会にはJames W. DeLoachが名を連ねており，COSO（2004）の起案にはデローチも重要な役割を果たしている（Henriksen and Uhlenfeldt, 2006, p.111）。

COSO（2004）はCOSO（1992）を基に作成されたものであり，両者の定義を挙げると以下の通りである（下線は筆者）。

「内部統制とは，以下の範疇に分けられる目的の達成に関して合理的な保証を提供することを意図した，事業体の取締役会，経営者及びその他の構成員によって遂行されるプロセスである。
- 業務の有効性と効率性
- 財務報告の信頼性
- 関連法規の遵守」

「ERMは，事業体の取締役会，経営者，その他の組織内のすべての者によって遂行され，事業体の戦略策定に適用され，事業体全体にわたって適用され，事業目的の達成に関する合理的な保証を与えるために事業体に影響を及ぼす発生可能な事象を識別し，事業体のリスク選好に応じてリスクの管理が実施できるように設計された，1つのプロセスである」

上記の下線部が両者の重要な共通部分である。その他の相違点は図表3－3の通り，目的に「戦略」が，構成要素に「目的の設定」「事象の識別」「リスクへの対応」が追加されたことである。つまりCOSO（1992）をリスクマネジメントのフレームワークとするために，COSO（2004）では他の目的より最上位にあるものとして「戦略」の概念を導入し，「リスクの評価」を「事象の識別」と「リスクへの対応」に細分化した。このことからいえることは，第一に，COSO（1992）をERMのフレームワークとするのに必要であったものは「戦略」の概念であるということ，そのことからして当然に，COSO（2004）では「ERMは戦略のリスクマネジメント」であること，あるいは「ERMと戦略の一体性」

が強調されていることである。第二に，COSO（1992）はリスクマネジメントのフレームワークとしても十分に通用するものであったということ，したがってCOSO（1992）の優れた部分はそのままCOSO（2004）でも踏襲されたということである。

図表3-3　COSO（1992）とCOSO（2004）の比較

目的		構成要素	
COSO（1992）	COSO（2004）	COSO（1992）	COSO（2004）
業務の有効性と効率性	戦略	統制環境	内部環境
財務報告の信頼性	業務の有効性と効率性	リスクの評価	目的の設定
関連法規の遵守	財務報告の信頼性	統制活動	事象の識別
	関連法規の遵守	情報と伝達	リスクの評価
		監視活動	リスクへの対応
			統制活動
			情報と伝達
			監視活動

　上記の定義にもある通り，ERMは戦略の策定にも適用される。それはCOSOキューブにも示されているように，戦略についても内部環境から監視活動にいたる8つの構成要素が適用され，事業体レベル，部門，事業単位，子会社のそれぞれにおいて，それが実行されるということである。つまりあらかじめ所与のものとして戦略があり，それにしたがってERMはもっぱら戦略の実行のためにあるということではなく，戦略の策定そのものにもERMのプロセスが用いられるということである。この戦略とERMの関係については，公開草案の段階で前者が主で後者は従であるべきではないかとのパブリックコメントがあった。COSOは，両者は主従の関係にあるものではないとの立場をとり，COSO（2004）では戦略とERMの関係につき多くのコメントがなされている（COSO, 2004, 翻訳, p.160）。

　例えば「複数の戦略を比較するときにリスクを検討する」（COSO, 2004, 翻訳, pp.23-24），「事業体のリスク選好は戦略に直結している」（COSO, 2004, 翻訳, p.25），「リスク選好が検討されるのは戦略を策定するときである」（COSO, 2004, 翻訳, p.25），「ERMによってリスク選好に見合った戦略を選択するこ

とができる」(COSO, 2004, 翻訳, p.37) などの記述がある。このリスク選好 (Risk Appetite) が，戦略との関係において重要な概念であり，経営者は，事業体の「リスク許容度（Risk Tolerance）」に基づいて，事業体としては「どれだけのリスクをとりたいか」という「リスク選好」を見極めた上で，戦略を策定しなければならないということである。

　COSO（1992）では「経営者の持ち物」であった内部統制にコーポレート・ガバナンスの視点を確保したのが画期的なことであった（鳥羽，2005, p.52, p.78）。これは，そのままCOSO（2004）にも継承されており，COSO（2004, 翻訳, p.38）では適切に機能する取締役会の存在をERMの「内部環境」に含めている。ERMによっても，人の判断や意思決定の誤りをゼロにすることはできない。つまりERMによって保証されるのは，戦略の正しさではなく，より良い意思決定が可能となること，戦略の状況をタイムリーに把握することができるということである（COSO, 2004, 翻訳, p.28）。それ故，取締役会による監督をERMの構成要素としているのは，意義のあることである。

2-4. リスクマネジメントの国際規格（ISO 31000）

　ISO 31000において「戦略」に言及がある部分を引用すると次の通りである（下線は筆者）。第一に，序文において「リスクを運用管理するためのプロセスを組織の全体的な統治，戦略及び計画策定，…価値観並びに文化の中に統合することを目的とした枠組みを…」とあり，ISO 31000によって「目的達成の起こりやすさを増加させる」「事前管理を促す」「機会及び脅威の特定を改善する」「意思決定及び計画のための信頼できる基盤を確定する」などのことができると述べている。なお序文の末尾では，広範なステークホルダーのニーズを満たすことを意図しているとして，「組織の中でリスクマネジメント方針の開発に責任を持つ人」などが挙げられているが，経営者はステークホルダーとしては例示されていない。

　第二に「リスクマネジメント—原則及び指針」において，適用範囲として「…戦略及び意思決定，業務，プロセス，機能，プロジェクト，製品，サービス，並びに資産を含む，広範にわたる活動に対して適用できる」とし，「…好ましい結果をもたらすものか好ましくない結果をもたらすものかを問わず，あら

ゆる種類のリスクに適用できる」としている。また用語及び定義の項目では「リスクマネジメントの枠組み」は「組織全体にわたって，リスクマネジメント (2.2) の設計，実践，モニタリング (2.28)，レビュー及び継続的改善の基盤及び組織内の取決めを提供する構成要素の集合体」であるとした上で，注記3において「リスクマネジメントの枠組みは，組織の全体的な戦略上及び運用上の方針及び実務の中に組み込まれる」としている (2.3)。さらに「組織の状況の確定」に関して「方針，目的及びこれらを達成するために策定された戦略」を内部状況の1つとして挙げている (2.11, 4.3.1, 5.3.3)。リスク対応 (risk treatment) は「リスク (2.1) を修正するプロセス」であり，注記1で，リスク対応には「ある機会を追求するために，リスクをとるまたは増加させること」が含まれる (2.25)。

　ここまでのところから浮かび上がるのはどのようなことであろうか。「戦略」とか「意思決定」という用語は目に入ってくるが，全体から得られる印象は，戦略を所与のものとして捉えて，それとの融合や整合を図るという姿勢であり，この規格によって戦略を作るというところまで踏み込むものではないということである。

　第三に，「原則」としてa)〜f)まで6つのものが列挙されているが，戦略にかかわるものとしては，a) の「リスクマネジメントは，価値を創造し，保護する」と，c) の「リスクマネジメントは意思決定の一部である」というものがある。ここで注目されるのは，それぞれの命題に関する説明書きの部分であり，前者については「リスクマネジメントは，安全衛生，保安，法律及び規制の順守，社会的受容，環境保護，製品品質，統治，世評などの，目的の明確な達成及びパフォーマンスの改善に寄与する」とあり，後者については「リスクマネジメントは，意思決定者が情報に基づいた選択を行い，活動の優先順位付けを行い，活動の選択肢を見分けることを援助する」と記されていることである。前者については，「価値創造」といいながら，その内容は純粋リスク（好ましくない結果をもたらすリスク）が中心になっており，投機的リスク（好ましい結果をもたらすこともあるリスク）を含めることにはなったが，全体としては純粋リスクに傾斜しているという感は否めないことである。後者については「意思決定の一部であり」「意思決定を支援する」というのがやはり特徴的と思われる。そもそもこのフレームワークの長所は，汎用性が高くほかのマネ

ジメントシステムとの親和性があることであり、既存の「マネジメントシステムのつなぎ役」(野口, 2009, pp.143-145) としての効用が期待されているのであり、「一部である」といい「支援する」というのもまたこの規格にふさわしい節度のある表現といえるのかもしれない。

　第四に、「枠組み」の冒頭にある「指令及びコミットメント (4.2)」の箇所である。そこでは「…組織の経営者の強力かつ持続的なコミットメントとともに、そのコミットメントをすべての階層で達成するための、戦略的でかつ綿密な計画策定が要求されている。…」と述べられている。そして経営者は「リスクマネジメントの目的を、組織の目的及び戦略と整合させる」ことが望ましいとされている。全体を通じて「経営者」という用語が出てくるのはこの箇所だけであるが、上述したのと同様に、これは「戦略のリスクマネジメント」ではなく、リスクマネジメントを戦略と整合させるということであり、そもそも「戦略」をリスクマネジメントとは別にあるものとしている証左である。

3 経営戦略論

　経営戦略論とリスクマネジメントは、互いに似た境遇にあったにもかかわらず、これまでは交わることはなかった。似た境遇というのは、米国でほぼ同時代に誕生したものであること、実務家がその発展に寄与した実践的な学問であること、企業経営にかかわる学問ということでは同根のものであること、社会・経済的に非常に重要な役割を担うものであることなどである。

　保険管理型のリスクマネジントから出発した米国のリスクマネジメントは世界に卓絶するものとなった。それは損害保険が世界シェアの4割を占めるものであることとパラレルの関係にあるものである。[13] 経営戦略もその時代時代で斬新な理論が華々しく登場して、多くの研究者や実務家の関心を惹くところとなった。今日では経営学における主要な分野としての地位を確立して、その重要性はますます高まっている。このようにそれぞれが目覚しく発達したこと自体が両者の交流や融合を妨げることになったともいえる。しかしERMによって、経営戦略はリスクマネジメントにおいても、最重要な課題となった。そこで

ERMのフレームワークを経営戦略の観点から検討してきたわけであるが，ここでは経営戦略理論史をリスクマネジメントの立場から概観してみることとしたい。

経営戦略論の発展は多岐にわたり，その理論はミンツバーグ（Mintzberg, H）によれば10のカテゴリーに分類される。わが国では青島矢一・加藤俊彦の4分類が知られているが，ここでは沼上（2009）の5分類に依拠することとする。それらは①1960年代の「戦略計画学派」，②1970年代の「創発戦略学派」，③1980年代の「ポジショニング・ビュー」，④1990年代の「リソース・ベースト・ビュー」，⑤2000年代の「ゲーム論的経営戦略論」である。代表的な論者は，「戦略計画学派」がチャンドラー（Chandler, Jr., A. D.），スタイナー（Steiner, G. A.），アンゾフ（Ansoff, H. L.），アンドリュース（Andrews, K. R.），「創発戦略学派」がミンツバーグ，「ポジショニング・ビュー」がポーター（Porter, M. E.），「リソース・ベースト・ビュー」がバーニー（Barney, J.），プラハラード（Prahalad, C. K.）とハメル（Hamel, G.），伊丹敬之，「ゲーム論的経営戦略論」がブランデンバーガー（Brandenburger, A. D.）とネイルバフ（Nalebuff, B. J.）である。

戦略計画学派は40年以上前のものであるが，経営戦略の基礎をなす理論としての意義はいまも失われていない。経営戦略論に関する先駆的な研究はチャンドラーの『戦略と組織（Strategy and Structure）』（1962年）であり，その後スタイナーを経て，アンゾフやアンドリュースらによって確立された。スタイナーは経営戦略という用語がまだ完全には市民権を得ていない時代に，『戦略計画（Strategic Planning）』（1979）において製品市場戦略を中心とする戦略計画の策定のプロセスを展開した。アンゾフは『企業戦略論（Corporate Strategy）』（1965）と『戦略経営論（Strategic Management）』（1979）によって「製品―市場戦略と戦略経営の父」と呼ばれている。アンドリュースはSWOT分析の源流であるとされる外部環境と内部環境の関係性に関する研究で有名である。

こうした戦略の策定プロセスに関する研究は1960年代から1970年代にかけて完成されたものであるが，1970年代の後半からは，経営戦略論は事業戦略から競争戦略論へとつながるものと，戦略の実行にも焦点を当てるプロセス学派への流れに分岐した（大滝他，2006，pp.8-12）。これは米国が1960年代に高度

産業社会を迎えて，多角化によるさらなる成長を指向し，1970年代には多角化に伴う経営資源の最適配分が問題となり，1980年代以降は成長よりも競争が重視されるようになったというポスト産業資本主義の時代を背景とするものである。

いずれにしても戦略に関する用語と概念の分類や定義を樹立し，戦略とは経営者がトップダウンで目標と資源配分と方針を定めるものであるとしたのは戦略計画学派であり，今に生きる戦略の構成要素と，戦略計画策定のプロセスを明確に提示したのがその貢献である。ちなみに戦略計画学派による戦略の定義は経営者による「意思決定のルールと指針」であり，「目標＋企業活動の構造と状態」である。

この戦略計画学派に対するアンチテーゼとして生れたのがミンツバーグらの創発戦略学派である。創発戦略学派は，経営戦略はトップダウンの計画として押し付けられるものではなく，現場のミドル・マネジャーが環境に適応しながら業務を遂行する過程で創発的に形成されるものであるとする。戦略計画学派の分析アプローチは，いくら詳細で精緻なものであっても，本社の戦略スタッフによる頭でっかちなものに過ぎない。現実には計画通りにならなかったことや，現場での創意工夫による対応の集積があって，それらが事後的にパターンとなって戦略になる場合が多いと考える。創発戦略学派は戦略のプロセスに注目するものであり，そのことは戦略論と組織論の融合を促し，戦略の立案と実行は不可分なものとなる（坪井・間島，2008，p.134）。そして戦略の定義は，戦略計画学派のものとは異なり「企業が環境との間に示す長期的な相互作用のパターン」である（沼上，2009，p.38）。

こうした計画かプロセスか，トップダウンかボトムアップか，事前のものか事後のものか，という対立とは別に，産業組織論の影響を受けて，生まれたのがポジショニング・ビューであり，ポーターの『競争の戦略』により1980年代に支配的な学派となった。ポジショニング・ビューとは市場で超過利潤の得られるポジションを占めるという戦略である。このポジショニング・ビューに反対する立場から生まれ，あるいは「プロセス型戦略論の中核理論として確立された」のがリソース・ベースト・ビューである（坪井・間島，2008，p.125）。ポジショニング・ビューは短期的な利益を志向して，目に見える製品や事業単位（SBU）という表層しか見ない傾向がある。性急な事業の選択集中は，目に見えない深層にある貴重な資源を切り捨ててしまう恐れがあるとの批

判である。このリソース・ベースト・ビューの代表的な論者であるプラハラードとハメルの『コア・コンピタンス経営』は，創発戦略学派やリソース・ベースト・ビューとの相性の良い日本的経営を支持する理論として1990年代に一世を風靡するものとなった。

　ゲーム理論は同じく意思決定に関する理論でありながら経営戦略に応用されるようになったのは比較的遅く，1990年代半ば以降のことである。しかし成熟業界や寡占業界における戦略の構築には非常に有効であり，いま最も研究活動の盛んな分野の1つである。ゲーム論的アプローチの特長は，個別企業の意思決定と他企業の意思決定との間の相互作用を分析し，競争と協調の両面を同時に取り扱うことができる点である。このゲーム論的経営戦略論はどちらかといえば，ポジショニング・ビューの範疇に属するものであるが，時間展開・相互作用・ダイナミクス重視の側面を持つのがユニークな点である（沼上，2009，p.121）。

　その結果，現代の経営戦略論は，「事前の合理的設計重視vs.事後の創発重視」「市場ポジションの重視vs.経営資源の重視」「安定的構造重視vs.時間展開・相互作用・ダイナミクス重視」という3つの対立軸からなるものになった（沼上，2009，p.2）。対立軸があるというのは，上から下，右から左，そして前から奥へ，という思考の広がりを意味するものであり，経営戦略を策定するのに三次元思考をもってするということである。つまり経営戦略の思考に関しては，極めて豊かでバラエティに富み，したがって汎用性と応用性の高い指針と方法論が提供されているということである。それは，三次元思考を駆使すればどのような企業もその三次元宇宙のどこかに自分の最適な立ち位置を見つけることができるということである。

　こうした点に鑑みれば本論のテーマに関連して得られるインプリケーションは次の通りである。

（1）戦略とリスクマネジメント

　戦略計画学派によれば，経営者の役割は戦略的意思決定であり，戦略とは意思決定のルールと指針である。リスクマネジメントも意思決定のための理論である。したがって「戦略」イコール「リスクマネジメント」であり，COSO (2004)

が戦略を最上位の目的とすることによって内部統制のフレームワーク（COSO, 1992）をERMのフレームワーク（COSO, 2004）としたことと整合的である。

（2）経営戦略の三次元思考とERM

　リスクと機会を内部（弱みと強み）と外部（脅威と機会）のスケールの両端に置く思考法によって，その戦略を上からのものとするか下からのものとするか，つまりトップダウンとボトムアップをスケールの両端に置く思考法によって，そして時間展開・相互作用・ダイナミクス重視をどの程度考慮するかという思考法によって，戦略を策定することはERMの思考法によくフィットする。リスクあるいはリスクと機会をどう特定し，評価し，対応するかはERMの根幹をなすものであり，またリスクを時間展開・相互作用・ダイナミクス重視で捉えるというのもERMに本来的に備わった思考法だからである。その結果，ERMについても，三次元思考法が有意義であり，ERMにおける戦略の位置付けがより明確なものとなるであろう。

（3）戦略策定プロセス

　戦略策定プロセスの例としては以下のものがある。これは1998年の著作（Weihrich, 1998）に紹介されているものであるが，アンゾフやスタイナーが1960年代に提示したものとほとんど変わらない（沼上，2009, pp.25-28）。①インプット（ヒト・資本・管理スキル・技術的スキル・ステークホルダーの目標）→②企業のプロファイル（トップマネジメントの志向性・企業の目的と主要な目標・資源監査）→③未来の環境予測（外的な脅威と機会・内的な弱みと強み・一貫性のテストとコンティンジェンシー計画）→④戦略の選択肢→⑤選択肢の評価と戦略の選択→⑥中期計画→⑦短期計画→⑧実行→⑨コントロールという段階からなり，すべての段階において全体を通じたフィードバックがあり，そのフィードバックはインプットへ戻るというプロセスである。そこでは「現在の外部環境」→「外的な脅威と機会」や「資源監査」→「内的な弱みと強み」などの手順も含まれている。戦略策定に関するものなので多少の過不足はあるが，基本的にはERMのフレームワークで提示されているものと同様である。

　なお図表3-4はスタイナー，アンゾフ，アンドリュースの所論をまとめたものであるが，ステークホルダーの期待値，考え方や空気，個人的価値観，社

図表3-4　戦略策定プロセスと構成要素

戦略策定プロセスの構成要素		
スタイナー	アンゾフ	アンドリュース
ステークホルダーの期待値	分野（製品―市場範囲）	市場機会
実績と予測値	方向（成長ベクトル）	企業能力と資源
環境評価（SWOT）	特性（競争上の利点）	個人的価値観
企業全体の考え方や空気	シナジー効果	社会的側面

出所：坪井・間島（2008），pp.41-63，pp.74-84などを参考に作成。

会的側面などの要素が含まれていることはERMにも通じるものである。スタイナーの戦略計画は「機会と脅威を見出して将来の可能性を選択するというプロセスであり，各階層の戦略計画を統合し，企業全体のものの考え方や空気と関係がある」ものである（坪井・間島，2008，pp.42-43）。アンゾフの企業戦略論の主題は「どの分野へ，どのようにして（拡大か多角化かなど），何を武器にして（特性とシナジー）進むか」という戦略的意思決定の問題である（坪井・間島，2008，p.60）。アンドリュースの経営戦略論は，単に内部環境と外部環境の最適解を求めるというだけではなく，その背景にある経営者の「価値観や社会的関係性」の重要性を説くものである（坪井・間島，2008，pp.82-83）。

（4）創発戦略とERM

創発戦略は日本的経営との親和性が高い。同様にERMの「全社的」な側面との類似性が見出せる。それは現場の問題は現場で解決するということ，現場の1人ひとりがリスクオーナーであるということのアナロジーである。ミンツバーグは，戦略はラインマネジャーなどが創発すべきものであり，戦略の計画担当者はファシリテーターに徹すべきであると主張する。しかしこれは戦略創発のためのインフラを述べたのみであり，ラインマネジャーなどがいかにトップを説得すべきかの方法論を提供するものではないとの批判がある（坪井・間島，2008，pp.139-143）。これはHenriksen and Uhlenfeldt（2006, p.107）が既存のERMフレームワークに足りないのは上方へのコミュニケーションの方法であると結論付けているのと符合する。

4 ERMの三次元モデル

　先述の通り「戦略のサファリ」と称されるような複雑で錯綜した経営戦略論の世界を読み解くための思考法として沼上（2009）は経営戦略の三次元モデルを提唱している。三次元を構成する第一の軸は「戦略計画学派」と「創発戦略学派」，第二の軸は「ポジショニング学派」と「資源学派」，そして第三の軸は「ゲーム論学派」と「安定構造学派」からなるものである。同様に，ERMも6つのコンポーネントからなる三次元の世界として捉えることができる。第一の軸は「全社的リスクマネジメント」と「統合的リスクマネジメント」，第二の軸は「コーポレート・ガバナンス」と「内部統制」，第三の軸は「戦略的リスクマネジメント」と「制度的リスクマネジメント」である。

　それらはERMを構成する重要なコンポーネントであり，ERMが持つ異なる側面である。どのコンポーネントを重視するか，あるいはERMという高い山に登るのにどの側面からアプローチするかは，業種によって，また企業によって極めて多様である。それ故，この「ERMの三次元モデル」は，ある業種なり企業なりのERMがどのようなものであるかを評価するのに有用なものである。しかしここでは，戦略的リスクマネジメントを6つのコンポーネントの1つとしたこと，また戦略的リスクマネジメントを他のコンポーネントとの間で有機的に関係付けたことによって，ERMと「戦略」の関係に新たな光を当てるものであるといえよう。それぞれのコンポーネントについて述べれば以下の通りである。

（1）全社的リスクマネジメント

　経営戦略論とのアナロジーが最も色濃いのは，「全社的リスクマネジメント」と「統合的リスクマネジメント」の対立であり，前者が「創発戦略学派」，後者が「戦略計画学派」に相応するものである。

　「全社的リスクマネジメント」の「全社的」とは文字通り「全社で行う」リスクマネジメント，あるいは「全部門の全階層の社員が全員で行う」リスクマネジメントであるということである。それはDeLoach（2000, p.5）によれば「機能・部門・文化横断的」なものであり，Walker et al.（2002, pp.24-26）によれ

ば，リスクマネジメントに「現場の人間（subject matter expert）を関与させる」ことである。すなわち社長には社長の，部長には部長の，課長には課長のリスクマネジメントがあるということである。その「全社的」なリスクマネジメントを象徴するのが「リスクオーナー」「共通言語」「リスク文化」などの用語であり，リスクは「リスクに近いところで最も良く処理される」ということであり（DeLoach, 2000, p.27, p.149），「ラインマネジメント」がERMのコンポーネントである（Lam, 2003）とされる所以である。

こうしたERMの「全社的」な側面は，日本型経済システムのサブシステムであるとされる「全社的品質管理」に類似している（杉野，2003）。品質管理の問題は，品質管理部の専門家ではなく，それぞれの現場で対応する，すなわち現場労働者の「不確実性をこなすノウハウ」や「問題と変化をこなすノウハウ」によって解決するという思想である（小池，1997, p.iv）。さらにいえば本部重視か現場重視か，トップダウンのアングロサクソン経営か，ボトムアップの日本的経営かということにもなる。統合的リスクマネジメントがトップのイニシアチブによりミッション・戦略・方針・計画からはじまるトップダウンのものであるとすれば，全社的リスクマネジメントは，1人ひとりの社員がそれぞれのリスクオーナーとして取り組むボトムアップのリスクマネジメントであるということになる。

（2）統合的リスクマネジメント

「統合的」とは，すべてのリスクをトータルに，統合的に処理するという意味である。それは部分最適に対して全体最適というのに似たものであり，全体的に統合的に処理することによって，トータルではより効率的，効果的なリスクマネジメントになるという考え方である。先駆的な事例としては，ハネウェル社が火災とPLと為替のリスクを統合的に処理したケースが有名である。

統合的リスクマネジメントに関係する概念としては「リスク選好」「リスク許容度」「リスク限度」などがあり，コンポーネントとしては「リスクの計量化」と「ポートフォリオマネジメント」などがある。いずれもERMの中核となる概念とコンポーネントである。中でも「リスクの計量化」は重要であり，その「金融工学的な側面に注意が向けられ過ぎる」きらいもあるとされる（竹谷，2003, p.40）。ちなみに「統合リスクマネジメント」は保険と金融の融合によって，

また金融リスクのリスクマネジメントにおいて発達した手法である（Doherty, 2000, pp.3-15）。

保険と金融の融合とは，1970年代から1980年代にかけてキャプティブなどの代替的リスクファイナンスが生まれ，1990年代には保険のキャパシティの制約から資本市場にリスクの移転先を求めるようになったことである。1980年代から1990年代にかけて金融工学の発達を背景にリスクの証券化や金融デリバティブなどが盛んとなり，金融論の分野においてもリスク管理が重要な課題となった。例えば金融資産を管理するためのポートフォリオマネジメントは，そのまま金融リスクを管理することに通じるものであった。またリスクは独立に存在するものではなく，異なるリスクの間には相互依存や相関の関係があり，それゆえ統合的な処理が必要であるということは早くから認識されていたことである。

米国では，ハザード（保険）リスクはリスクマネジャーが，財務リスクはトレジャラー（財務部長）が担当するマターであり，それぞれがサイロ型のリスクマネジメントであった。そして真のERMがあまり浸透しない中で，保険と財務部門の統合，すなわち保険リスクと金融リスクの統合をもってERMと呼ぶことが少なくない（Doherty, 2000 ; Lam, 2003）。

（3）コーポレート・ガバナンス

コーポレート・ガバナンスとリスクマネジメントの関係については，ターンバルガイダンスを嚆矢として，株主などがコーポレート・ガバナンスの一環として，経営者によるリスクマネジメントを求めるものであるとするのが一般的である。しかしコーポレート・ガバナンスの本質は「オーバーサイト」であり，「ステークホルダーが経営者を規律付けるための方法とプロセス」であるとすれば，それはステークホルダーを主体者とする「経営者リスク」のリスクマネジメントであるということになる（杉野，2005）。

DeLoach（2000）では，第4章をERMの基盤としての「目標・目的・オーバーサイト」に当てている。ERMの最高責任者はCEOであり，CEOが作成したERMの方針と戦略を取締役会が承認するというのがDeLoach（2000, pp.97-104）におけるコーポレート・ガバナンスである。わが国で，リスクマネジメントの大綱を定めるのは取締役会の責任であるとされているのと同様である。

背景にあるのは取締役会に課されている説明責任の高まりである（DeLoach, 2000, p.11）。特に欧米では，取締役会が執行役などに委任するのではなく，自らの責任で取り組んでいることの説明を求められるからである（竹谷，2003, p.157）。

　COSO（1992）では内部統制にコーポレート・ガバナンスの視点を確保しているのが特長であるが，それはそのままCOSO（2004）にも継承されており，COSO（2004, p.38）では適切に機能する取締役会の存在をERMの「内部環境」に含めている。ERMによっても，人の判断や意思決定の誤りをゼロにすることはできない。つまりERMによって保証されるのは，戦略の正しさではなく，より良い意思決定が可能となること，戦略の状況をタイムリーに把握することができるということである（COSO, 2004, p.28）。取締役会による監督，すなわちコーポレート・ガバナンスがERMのコンポーネントであるのはそうした理由によるものである。

（4）内部統制
　内部統制とリスクマネジメントの関係，及び内部統制がERMのコンポーネントであることはすでに2-3で述べた通りである。「統制」は「計画」「組織」「指揮」などとともにマネジメントの機能の1つであり，内部統制は本来的にリスクマネジメントの範疇に属するものである（杉野，2007, 2009）。したがってCOSO（1992）はもっと早くにCOSO（2004）となっていてもよかったものである。それはCOSO（1992）がCOSO（2004）となるのに必要だったものは基本的に「戦略」のみであったということからもいえることである。

（5）戦略的リスクマネジメント
　「全体性」は戦術との比較において戦略が持つ基本的な性格の1つであり，その文脈ではERMが戦略的リスクマネジメントであるのは当然ということになるが，ERMの代表的なフレームワークにおいて戦略がどのように扱われているかは，2-2から2-4で検討した通りである。
　「戦略的リスクマネジメント」と「制度的リスクマネジメント」は，経営戦略論の第三の軸である「ゲーム論学派」と「安定構造学派」に当たるものである。沼上（2009）によればゲーム論的アプローチを特徴付ける概念は「時間的

展開・相互作用・ダイナミクス」であり，これをERMに当てはめれば，時間的展開と相互作用とダイナミクスの中でいかに戦略的なERMであるかということである。これはERMが臨機応変，環境適応型のものであるということである。上述の通り，戦略の持つ全体性の側面に着目すれば，戦略的リスクマネジメントとERMは同義のものであり，すべてのコンポーネントをバランスよく備えたものが戦略的リスクマネジメントであるということになる。しかし，ここでの戦略的リスクマネジメントとは，例えばコンプライアンスをどこまでやるか，公的規制への対応をどこまでやるかといった類のものであり，後述の制度的リスクマネジメントを対極に置くリスクマネジメントのことである。

ちなみにDeLoach（2000, p.5）によればERMとは①CEOのものであり，②競争優位と成長の源泉であり，③企業経営とともに進化するものであり，④後知恵的な伝統的RMとは異なるものであり，⑤未来のリスクと機会に対応するものであり，⑥リスクと機会と資本の最適化によって価値を創造するものであり，⑦リーダーシップを求めるものである。

（6）制度的リスクマネジメント

企業にERMを導入するということは，社内に制度としてのERMを構築することである。その際に参考とすべき国際標準として作成されたのがマネジメントのシステムであるISO 31000である。ERMの制度とは，このISO 31000のほかにも多くの制度の束からなるものである。つまりERMは多様なコンポーネントからなるものであるが，それぞれのコンポーネントごとにいくつもの制度があるからである。全社的リスクマネジメントや統合的リスクマネジメントの関連では，ERMは企業を取り巻くすべてのリスクを対象とするものであり，ISO 9000（品質管理），ISO 14000（環境責任），ISO 26000（企業の社会的責任）などがある。その他，事業継続マネジメント，消費生活用製品安全法，消費者契約法，PL法，個人情報保護法，公益通報者保護法などもある。コーポレート・ガバナンスについては，取締役制度，監査役制度，委員会等設置会社，ディスクロージャー，株主代表訴訟の制度，内部統制に関しては，会社法と金融商品取締法などがある。これらはすべてリスクの源泉であり，企業が制度的な対応を必要とされている事柄である。制度的リスクマネジメントとは，こうした諸々の制度を取り入れ，整備し，強固で安定的なものにすることであり，ERMの

図表3-5　ERMの三次元モデル

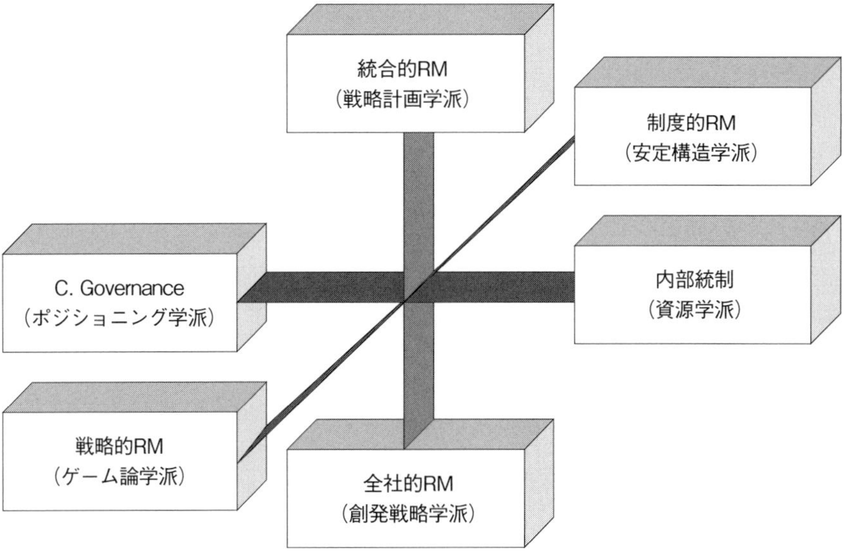

- 統合的RM（戦略計画学派）
- 制度的RM（安定構造学派）
- C. Governance（ポジショニング学派）
- 内部統制（資源学派）
- 戦略的RM（ゲーム論学派）
- 全社的RM（創発戦略学派）

基盤となるものである。

5 結びにかえて

　3つのフレームワークを検討してきたが、そこからいえることは何であろうか。経営戦略との関連で特徴的なことは、第一に、戦略を非常に直截に打ち出しているのはDeLoach（2000）であるということである。そこでは戦略とERMは一体のものとされており、戦略とERMの立案は同時に行うべきものとされている。そしてERMは「リスクを管理する」ためのものだけではなく、「リスクをとる」ためのものでもあることが明確に主張されている。それはリスクの処理手段の1つとして「リスクの活用」が挙げられていることに象徴的に現れている。さらには経営者のモチベーションを喚起するようなものであることである。経営戦略は経営者の役割であり、その経営者のためのERMであると

ころに戦略との強い関係をみることができる。

　第二に，DeLoach（2000）以上に戦略との関係が緊密なのはCOSO（2004）であるということである。それはCOSO（2004）をCOSO（2004）たらしめているのが戦略だからである。すなわち戦略を最上位の目的としてCOSO（1992）に追加することによって生まれたのがCOSO（2004）であるということである。COSO（2004）では，「リスク選好」や「リスク許容度」の概念を導入することによって戦略とERMとの関係を理論的に説明している。またこれはCOSO（1992）から引き継がれたものであるがコーポレート・ガバナンスとの関係を明確にしているのも，後述の点との関係で重要である。

　第三に，ISO 31000は，その目的が「価値の創造」であることを謳い，戦略や戦略整合性についての言及もあるが，内容的にはDeLoach（2000）やCOSO（2004）に比べると戦略の影はやや薄いということがいえる。ISO 31000は国際規格として，高度の汎用性が求められるというその性格からしてやむを得ない面もあるが，どちらかといえば「好ましくない影響を与えるリスク」に傾いている感は否めない。

　そこで冒頭の問題提起であるERMのフレームワークには戦略のプロセスが欠落しているのかどうかである。その答えは，戦略のプロセスはあるといえばある，ないといえばないということである。例えばCOSO（2004）では，戦略にも「内部環境」から「監視活動」に至る8つの要素が適用され，それらは事業体レベル，部門，事業単位，子会社のおのおのに適用されるものとされている。これは戦略のプロセスなのではないだろうか。あるいはリスクの統合的な処理，すなわちリスクの集積，優先順位付け，ポートフォリオマネジメントなどは戦略のリスクマネジメントなのではないかということである。他方，全体的な印象としては，戦略についていまひとつ具体的なものがない，あるいは戦略一体性や戦略整合性というのも，戦略が先にあって，ERMをそれに適合させるということなのではないか，ということがある。例えば戦略を模索する経営者にとって，経営戦略論の知識やテキストと，ERMのフレームワークのどちらがより有用とされるのであろうかという疑問がある。

　第二の仮説も，おおむね当たっているといえるかもしれない。上述した通り経営戦略は過去50年間に大変な発展を遂げており，経営戦略策定のプロセスに関しても多くの知見が蓄積されている。経営戦略にもERMにも経営コン

サルティングファームが深く関与しているが，同じ業界あるいはファームの中でも担当が分化していたということかもしれない。したがって，リスクマネジメントにおいて，経営戦略の研究がそれほど多くないのは，経営戦略はその独自分野に任されていたからであるといっても，あながち見当はずれとはいえないだろう。「あるときは危機であり，あるときは好機となるリスクについては，成長戦略あるいは経営戦略として行われるリスクマネジメントがある」ということである（亀井，2002，p.144）。

　第三の仮説については，上述の通り，フレームワークとして特段の不備があるとはいえず，経営戦略論には膨大な研究の蓄積があるので，既存のフレームワークをどうこうすればよいということはすぐにはない。ただし今後の課題としては，経営戦略とリスクマネジメントの間にある目に見えない，観念的な境界を取り除くような研究が必要ではないかと考えられる。それは実務的には，経営者が戦略とERMを1つのものとして捉えるようになることである。つまりERMが戦略とまったく同等の意義を持つものであること，それが単なる飾り言葉ではなく，実際に競争優位や成長やイノベーションの源泉であることを実感するようになることである。

　そのための1つの可能性としてあるのは，コーポレート・ガバナンスのコンポーネントを強化することである。例えばCOSO（2004）では，内部環境として，適切に機能する取締役会の存在，あるいは社外取締役の割合なども規定されている。それはCOSO（1992）とCOSO（2004）の非常に優れた点である。しかし実際に取締役会が戦略の策定にどのように関与するのか，その場合のベストプラクティスやガイダンスが求められているのではないだろうか。

　平成19年の経済白書によれば，わが国の企業は欧米の企業に比べて「リスクテイキングが少ない」「リスクテイキングのある企業ほど業績が良い」そして「外国人株主の多いコーポレート・ガバナンスの強い企業ほどリスクテイキングがある」との調査結果が得られている。つまり業績とリスクテイキングとコーポレート・ガバナンスの間には因果関係があるのであって，リスクテイキングを「戦略」イコール「ERM」と読み替えれば，コーポレート・ガバナンス→「戦略」イコール「ERM」→好業績という因果関係になる。すなわち「戦略」イコール「ERM」とコーポレート・ガバナンスのリンケージをモチーフとする新しいフレームワークの可能性があるのではないか，機会を改めて検討

のこととしたい。

[注記]
1）戦略とは経営環境を分析し，中長期の活動の計画を策定することであり，計画の策定とは意思決定にほかならない（坪井・間島，2008，pp.130-131）。
2）企業リスクマネジメントには伝統的リスクマネジメントと現代的リスクマネジメントという２つの潮流がある。後者は1990年代の中頃から台頭した新しいリスクマネジメントであり，Enterprise-wide Risk Management, Enterprise Risk Management, Integrated Risk Management, Holistic Risk Management, Total Risk Managementなど様々な名称で提唱されたものである。同様に邦語も「全社的リスクマネジメント」「事業リスクマネジメント」「統合リスクマネジメント」「トータルリスクマネジメント」などが使用されたが，現在ではEnterprise Risk Management，邦語は「全社的リスクマネジメント」が定着しているので，ここではERMと全社的リスクマネジメントと現代的リスクマネジメントを同義のものとして使用する。
3）リスクの分類には様々なものがあるが，保険との関係で重要な分類として純粋リスクと投機的リスクという二分類がある。前者は損害のみを発生させるリスクであり，後者は利益を生じることもあるリスクである。保険を中心とした伝統的リスクマネジメントがもっぱら対象とするのは純粋リスクであるのに対して現代的リスクマネジメントは投機的リスクをも対象とするのが大きな特徴である。ISO 31000の作成過程で，議論が最も紛糾したのが，投機的リスクを含めるかどうかという点であった（野口，2009，pp.19-22）。「好ましくない影響」のみをもたらすリスクと「好ましい影響」をもたらすこともあるリスク，あるいは英米では「リスク」と「チャンス（機会）」という言い方で区別することもある。
4）全体性は戦略を戦術と分かつ基本的な性格である（二味，1991，pp.160-161）。
5）オーストラリア・ニュージーランド規格の変遷については越山（2009，pp.173-175）が詳しい。
6）Young and Tippins (2001), Doherty (2000), Lam (2003) は，それぞれOrganisational Risk Management, Integrated Risk Management, Enterprise Risk Managementというタイトルになっているが，ファイナンシャル・リスクマネジメントあるいは個別のリスクマネジメントに焦点を当てたものである（Henriksen and Uhlenfeld, 2006, p.111）。
7）あるときは危機であり，あるときは好機となるリスクについては，成長戦略あるいは経営戦略として行われるリスクマネジメントがある（亀井，2002，p.144）。
8）EWRMは`risk as downside' paradigmからのパラダイムシフトであるが，それはnatural evolutionである（DeLoach, 2000, p.23）。
9）同様の優れた事例研究としては姉妹書であるBarton et al.（2002）とWalker et al.（2002）がある。
10）現代的RMの重要な意義は，それが経営者へのインセンティブとなることである（杉野，2003，pp.160-162）。
11）例えば，"Strategy is nothing more than disciplined risk management." とある（DeLoach,

2000, p.134)。
12) ISO 31000では「純粋リスク」と「投機的リスク」という用語は使用されていない。
13) 保険に対するニーズには非常に大きなものがあったが保険はそれに応えられなかった。そのため代替的リスク移転などが発達した。その結果米国のリスクマネジメントはリスクファイナンスと同義であるといわれるものになった（杉野，2009）。
14) 10分類とは①デザイン，②プランニング，③ポジショニング，④アントレプレナー，⑤コグニティブ，⑥ラーニング，⑦パワー，⑧カルチャー，⑨エンバイロメント，⑩コンフィギュレーションのスクールである（Mintzberg *et al*., 1998, 訳書, pp.5-6)。
15) 注目するのが要因かプロセスかと，利益の源泉が外か内かによって，①ポジショニング，②資源，③ゲーム，④学習のアプローチに分類する（青島・加藤，2003, p.26)。

[参考文献]

Andrews, K. R. (1971) *The Concept of Corporate Strategy*, Dow Jones-Irwin. (山田一郎訳 (1976)『経営戦略論』産業能率短期大学出版部)

Ansoff, H. I. (1965) *Corporate Strategy* (Revised Edition), Penguin Books. (広田寿亮訳 (1969)『企業戦略論』産業能率短期大学出版部)

Ansoff, H. I. (1979) *Strategic Management,* Macmillan Publishers. (中村元一監訳 (2007)『戦略経営論〔新訳〕』中央経済社)

Barton, Thomas L., William G. Shenkir and Paul L. Walker (2002) *Making Enterprise Risk Management Pay Off*, Prentice Hall. (刈屋武昭・佐藤勉・藤田正幸訳 (2003)『収益を作る戦略的リスクマネジメント』東洋経済新報社)

Brandenburger, A. M. and B. J. Nalebuff (1996) *Co-opetition*, Currency Doubleday. (嶋津祐一訳 (2003)『ゲーム理論で勝つ経営：競争と強調のコーペティション戦略』日経ビジネス人文庫)

Chandler, A. D. (1962) *Strategy and Structure: Chapters in the History of the American Industrial Enterprise*, The MIT Press. (有賀裕子訳 (2004)『組織は戦略に従う』ダイヤモンド社)

COSO (The Committee of Sponsoring Organizations of the Treadway Commission) (1992) *Internal Control-Integrated Framework*. (鳥羽至英・八田進二・高田敏文訳 (1996)『内部統制の統合的枠組み（理論篇）（ツール篇）』白桃書房)

COSO (The Committee of Sponsoring Organizations of the Treadway Commission) (2004) *Enterprise Risk Management-Integrated Framework -Executive Summary and Framework*. (八田進二監訳・中央青山監査法人訳 (2006)『全社的リスクマネジメント（フレームワーク篇）』東洋経済新報社)

Culp, C. L. (2001) *The Risk Management Process: Business Strategy and Tactics*, John Wiley & Sons, Inc.

DeLoach, J. W. (2000) *Enterprise-wide Risk Management: Strategies for Linking Risk and Opportunity*, Pearson Education.

Doherty, Neil A. (2000) *Integrated Risk Management: Techniques and Strategies for Managing Corporate Risk*, McGraw-Hill.

FERMA (Federation of European Risk Management Association) (2003) *A Risk Management Standard*, Brussels, Belgium, www.ferma-asso.org.

Hamel, G. and C. K. Prahalad (1996) *Competing for the Future*, Harvard Business School Press. (一條和生訳 (1995)『コア・コンピタンス経営：大競争時代を勝ち抜く戦略』日本経済新聞社)

Henderson, B. D. (1979) *Henderson on Corporate Strategy*, Abt Books. (土岐坤訳 (1981)『経営戦略の核心』ダイヤモンド社)

Henriksen, P. and T. Uhlenfeld (2006) "Contemporary Enterprise-wide Risk Management Frameworks: A Comparative Analysis in a Strategic Perspective," *Perspectives on Strategic Risk Management*, edited by T. J. Andersen, Copenhagen Business School Press.

Lam, J. (2003) *Enterprise Risk Management: From Incentives to Controls*, John Wiley and Sons, Inc. (林康史・茶野努監訳 (2008)『統合リスク管理入門―ERMの基礎から実践まで―』ダイヤモンド社)

McNamee, David and George M. Selim (1998) *Risk Management: Changing the Internal Auditor's Paradigm*, The Institute of Internal Auditors Research Foundation.

Mintzberg, H. (1994) *The Rise and Fall of Strategic Planning*, The Free Press. (中村元一監訳 (1997)『戦略計画　創造的破壊の時代』産能大学出版部)

Mintzberg, H., B. Ahlstrand and J. Lampel (1998) *Strategy Safari: Guided Tour through the Wilds of Strategic Management*, Free Press. (齋藤嘉則監訳・木村充・奥沢朋美・山口あけも訳 (1999)『戦略サファリ：戦略マネジメント・ガイドブック』東洋経済新報社)

Steiner, G. A. (1977) *Strategic Managerial Planning*, The Planning Executives Institute [→ Free Press Paperbacks]. (河野豊弘訳・解説 (1978)『戦略経営計画』ダイヤモンド社)

Steiner, G. A. (1979) *Strategic Planning*, Free Press Paperbacks.

Walker, Paul L., William G. Shenkir and Thomas L. Barton (2002) *Enterprise Risk Management: Pulling it All Together*, The Institute of Internal Auditors Research Foundation. (刈屋武昭監訳 (2004)『戦略的事業リスク経営』東洋経済新報社)

Weihrich, H. (1998) "Daimler-Benz's Move toward the Next Century with the TOWS Matrix," *European Business Review*, Vol. 95, No.1, reprinted in Dyson, R.G. and F. A. O'Brien, (eds.), *Strategic Development: Methods and Models*, John Wiley & Sons, Inc.

Young, P. C. and S. C. Tippins (2001) *Managing Business Risk: An organization-wide approach to risk management*, AMACOM.

青島矢一・加藤俊彦 (2003)『競争戦略論』東洋経済新報社。

アンダーセン／朝日監査法人 (2001)『図解　リスクマネジメント』東洋経済新報社。

上田和勇 (2003)『企業価値創造型リスクマネジメント―その概念と事例―』白桃書房。

上田和勇 (2009)「ビジネス・リスクマネジメントの進展―先駆的形態から現代的形態までの概念と事例―」上田和勇編著『企業経営とリスクマネジメントの新潮流』白桃書房,

pp.1-31。
大滝精一・金井一頼・山田英夫・岩田智（2006）『経営戦略〔新版〕：論理性・創造性・社会性の追求』有斐閣。
亀井利明（1984）『危険管理論—企業危険とリスクマネジメントの理論—』中央経済社。
亀井利明（1992）『リスクマネジメント理論』中央経済社。
亀井利明（2002）『危機管理とリスクマネジメント（改訂増補版）』同文舘出版。
小池和男（1997）『日本企業の人材形成』中央公論社。
越山健彦（2009）「各国関係規格からの現代的リスクマネジメントの形成」上田和勇編著『企業経営とリスクマネジメントの新潮流』白桃書房，pp.135-187。
杉野文俊（2003）「現代的リスクマネジメントの可能性に関する一考察—日本型品質管理との類似性について—」『保険学雑誌』第582号，pp.152-172。
杉野文俊（2005）「リスクマネジメントとコーポレートガバナンスに関する一考察—「経営者リスク」のリスクマネジメントについて—」『専修大学商学研究所報』第37巻第2号。
杉野文俊（2006）「CSR（企業の社会的責任）と製品安全マネジメントに関する一考察—米国の製造物責任訴訟とリコール問題を題材として—」『損害保険研究』第68巻第1号，pp.49-78。
杉野文俊（2007）「内部統制との融合によるリスクマネジメントの新展開」『専修ビジネス・レビュー』Vol.2 No.1，pp.37-48。
杉野文俊（2008）「製品安全とリスクマネジメント—消費者保護の新時代へ向けて，PLからCSRへ—」『専修ビジネス・レビュー』Vol.3 No.1，pp.29-44。
杉野文俊（2009）「企業リスクマネジメントの史的展開に関する一考察—保険プロフェッションと会計プロフェッションの役割について—」『専修商学論集』第89号，pp.103-125。
竹谷仁宏（2003）『トータル・リスクマネジメント　企業価値を高める先進経営モデルの構築』ダイヤモンド社。
坪井順一・間島崇編著（2008）『経営戦略理論史』学文社。
沼上幹（2009）『経営戦略の思考法』日本経済新聞出版社。
野口和彦（2009）『リスクマネジメント　目標達成を支援するマネジメント技術』日本規格協会。
二味巌（1991）『企業危機管理の時代—不測事態対応戦略の実戦的展開—』産能大学出版部。

第4章 グローバル企業のガバナンス・リスクマネジメント
－ハードローの限界とソフトローの重要性－

1 はじめに

　本稿の目的は，グローバル企業のガバナンス・リスクに対するリスクマネジメントの方向性を考察することにある。企業を取り巻くリスク環境をみると，企業は持続的成長の源泉となる企業価値の創出の成否及び時期を不確かにする内外の環境要因及びリスクに直面している（上田，2007，p.21）。グローバル企業はグローバル・リスク環境に対応して熾烈な競争を勝ち抜き企業価値を創出するために，グローバル戦略による長期展望に立ち，グループ企業全体の組織構造を変革する方向付けが急務となる（伊藤，2004，p.253）。そのために，グローバル企業を取り巻く多様なリスクの発生を助長する内外の環境要因の中で，経営者は今までに経験をしたことのないリスク負担行動を取らなければならない。リスクの発生の背景には，それを助長する様々な要因があり，それがリスクの大きさに影響を与え，最終的に損失（ロス）の発生や場合によってはチャンスの増大に結びつくのである（上田，2007，p.202）。

　そこでは，グローバル・リスク環境に対応して熾烈な競争を勝ち抜き，企業の社会的責任を果たしながら，ステークホルダーのために企業の持続的成長の源泉となる企業価値をどのようにして経営者に追求させるか（企業経営者への規律付け），つまり，コーポレート・ガバナンス（企業統治）の問題とリスク対応が重要となる。コーポレート・ガバナンスの中心課題は，何らかの目的を達成するために（コーポレート・ガバナンスの目的問題），何らかの方法（コーポレート・ガバナンスの方法問題）を駆使して，ステークホルダーの誰か（コーポレート・ガバナンスの主権問題）が，企業を監視し，規律を与えることで

ある（菊澤，2004, p.2）。本稿では，コーポレート・ガバナンスの定義は，「企業の持続的成長の源泉となる企業価値を創造するために，批判的なメカニズムを駆使して，企業をめぐる直接・間接に関係するステークホルダーが，企業の経営者を監視し規律を与えること」とする。

　本稿の構成は，最初に，グローバル企業のリスク環境を概観する。グローバル企業の持続的成長への方向性として，持続的成長の源泉となる企業価値創造の必要性が高まる中で，ステークホルダーからの企業の社会的責任の要請が増加していることを考察する。次に，経済的責任と法的責任の要請からきた財務情報の制度・規制によるモニタリングの歴史的循環を考察する。そこでは，制度・規制には常に限界が存在し，新たなリスクが顕在して，継続した制度・改革が行われてきた歴史的流れを認識する。その具体的例として，財務情報の不適正な開示事例の発生と制度・規制としての内部統制報告制度の導入を概観する。さらに，制度・規制と企業内の取り組みの限界ととして，今回の世界同時金融危機におけるモラル・ハザード現象と予防策のパラドックスの事例を考察する。グローバル企業は，制度・規制の限界を克服するための関連当局による制度・規制への対応と同時に，企業統治の観点から，ガバナンス問題へのリスクマネジメントが重要な課題となっている。具体的取り組みとしては，制度規範であるハードローのみならず，経営者の倫理観を含む企業独自のソフトローとしての社会規範の構築が要請されている。本稿では，「ハードロー」は，裁判所でその履行が強制されるような諸規範と定義し，「ソフトロー」は，裁判所でエンフォースされない規範と定義する（神田，2008, p.153）。最後に，企業事例研究を行いながら，企業内のソフトローの構築として，グローバル企業のガバナンス・リスクに対するリスクマネジメントの方向性としてのフレームワークを提案する。

2 グローバル企業のリスク発生環境とリスク要因の分析

2-1. 最近のグローバル企業の動向

　2008年の後半から金融危機が始まり，世界的な景気後退が急激に進む中で，

第4章　グローバル企業のガバナンス・リスクマネジメント

　デフレや少子高齢化問題などで，日本国内市場の需要は減少し成長が期待できない状況にある。そのような状況の中で，日本の内需型大手企業を中心に生き残りを賭けて海外事業比率を引き上げ，成長戦略の軸足を新興国に移し，円高を追い風として海外企業の買収をテコにグローバル成長を加速する企業が相次いでいる。

　その戦略は，企業の大規模化，国際化，多国籍化，グローバル化により持続的成長の源泉である企業価値を創造しようとするものである。具体的な戦術は，国内市場を中心とした事業展開から企業活動の舞台を海外市場に移し，海外調達比率，海外生産比率，海外売上比率，海外資産比率，海外従業員比率等を高めていくことによりグローバル企業に進化して企業価値を創造することである。

　グローバル企業の動向については，国連が「ワールド・インベストメント・レポート（*World Investment Report*）」（United Nations, 2010）で，多国籍企業（Transnational Corporation）の活動を報告している。国連は多国籍企業の定義を「本国以外の国で生産・サービスの拠点を所有あるいは管理運営する企業」（United Nations, 1973, p.23），そして「本国の親会社と２つ以上の海外子会社で構成される企業」（United Nations, 2002, p.275）としている。

　この国連の報告書によると，2008年における多国籍企業数は世界で82,000社あり，810,000社の海外子会社を持ち，世界経済の成長を押し上げる主要な役割を演じている。2008年の多国籍企業の海外子会社の輸出額は世界の財・サービスの輸出額の約３分の１を占め，多国籍企業の従業員数は全世界で7,700万人と1982年の1,900万人の約４倍となっている（United Nations, 2010, p.17）。

　国連の報告書では，企業の海外依存度を多国籍企業の海外売上比率，海外資産比率，海外従業員比率の３つの比率の平均として計算される「多国籍企業インデックス（Transnational Corporation Index）」に基づき分析している。

　2008年の報告書の海外資産比率の上位100社リストから，多国籍企業インデックス（TNI）の上位の海外企業６社と日本企業の３社を抽出し，さらに本稿において事例として取り上げた日本板硝子とスズキを含めて，図表４−１に要約した。エクストラータ（Xstrata PLC, 英国）が93.2％で世界で一番高い多国籍企業インデックス（TNI）を示し，海外売上比率90.2％，海外資産比率94.4％，海外従業員比率94.8％と，３つすべてで海外比率が90％を超えた。上位の海外企業６社は，イギリス，ルクセンブルク，オランダ，フィンランドと相対的に

図表4-1　(非金融) 多国籍企業インデックス (TNI) 2008年

TNI ランク	会社名	産業	売上高 (百万米国ドル)	多国籍企業インデックス(TNI)	国籍	国人口 (千人)	1人当たりGDP 順位	1人当たりGDP 米国ドル
注1		注2				注3	注4	
1	エクストラータ	資源採掘	27,952	93.2%	イギリス	62,032	22	35,334
2	アルセロール・ミタル	鉄鋼製品	124,936	91.4%	ルクセンブルグ	486	1	104,551
3	アクゾノーベル	化学製品	21,454	90.3%	オランダ	16,592	7	48,222
4	WPPグループ	広告代理店	10,899	88.9%	イギリス	62,032	22	35,334
5	ボーダフォン	携帯電話通信	59,792	88.6%	イギリス	62,032	22	35,334
6	ノキア	携帯電話通信	70,578	88.5%	フィンランド	5,325	12	44,991
12	本田技研工業	自動車	110,317	81.4%	日本	127,156	17	39,731
―	日本板硝子	板ガラス	7,400	78.0%	日本	127,156	17	39,731
―	ソニー	電気・電子製品	85,179	62.9%	日本	127,156	17	39,731
―	スズキ	自動車	30,048	59.6%	日本	127,156	17	39,731
―	トヨタ	自動車	226,221	53.1%	日本	127,156	17	39,731

注1：TNI（Transnational Corporation Index：多国籍企業インデックス）は，海外売上比率，海外資産比率，海外従業員比率の3つの比率の平均として計算される。
注2：日本板硝子とスズキ以外の情報は，United Nations（2010）pp.228-230から抽出した。日本板硝子とスズキのTNIは直近の有価証券報告書の情報から筆者が計算した。
注3：国際連合経済社会局人口部の作成した『世界の人口推計2008年版』のデータによる2009年の推計人口による。
注4：IMF-World Economic Outlook（2010年4月版）。

国内市場が小さい国となっている点に注目される。また，これらの国の内，イギリスを除いて，国民1人当たりのGDPは，日本に比して高く，社会福祉制度が整備されている国であることに驚かされる。

　国土と資源の少ない日本も，多くの多国籍企業を持つので，国民1人当たりのGDPを高めることができるように，グローバル企業の海外で創造した企業価値を本国に還元するメカニズムの見直しが必要に思える。

　2009年4月の日本の税制改正で海外子会社からの受取配当金が95％非課税となり，2009年度の海外子会社からの受取配当金が初めて3兆円を超えた。税

制改正前は，海外子会社に留めていた利益を日本の親会社に送金すると日本で益金として課税された。そのため40％以上の税金を嫌い，日本に還流されなかった。海外子会社からの受取配当金の95％非課税措置によって，これまで，海外利益が過度に海外に留保され，日本の親会社の研究開発費や雇用が海外に流出していたリスクを低減して，結果として日本からの海外直接投資の回収メカニズムを改善した。これは，政府が取ったリスク対応の良い例である。今後，日本国内の法人税の軽減や外国投資優遇措置等の内需喚起政策が期待される。

図表4－1にみるように，日本企業の多国籍企業インデックス（TNI）は，本田技研工業が81.4％，ソニー62.9％，トヨタ53.1％と50％を上回っている。今後の事業戦略として，グローバル化促進計画をあげている日本の大手企業が増えている。例えば，海外売上比率目標として，三菱重工業は現在の49％から2014年には63％へ，東芝は現在の55％から2012年には63％へと掲げている。海外売上比率目標を達成するには，当然，海外で事業運営するために現地での従業員や幹部の大量採用が必要になる。三菱重工業は海外のグループ会社の人員を37％増の1万5,000人体制にするとして，アジアを中心に技術者を年800人のペースで採用する計画を立てている。今後，企業は，海外直接投資の回収メカニズムに関する資金リスクに加えて，海外の多文化組織の統合管理リスクに直面することが多くなるだろう。

2-2　グローバル企業への各発展段階におけるリスク発生環境とリスク要因分析

あらゆる業態及び規模の組織は，自らの目的達成の成否及び時期を不確かにする内部及び外部の要素並びに影響力に直面している（上田，2007，p.21）。この不確かさが組織の目的に与える影響がリスクである（ISO，2009，p.v）。組織は，リスクを特定し，分析し，評価し，対応して管理する必要がある。グローバル企業への各成長段階におけるリスクとチャンスは，それぞれ異なる。ドウプニクの多国籍企業の発展段階（Doupnik and Perera，2008，pp.1-16）とグローバル経済についての分析（伊藤，2004，pp.3-19）などを参考にして，リスクマネジメントの観点から，図表4－2のようにグローバル企業への各発展段階におけるリスク環境とリスク要因を概観してみた。

図表4-2　企業の大規模化，国際化，多国籍化，グローバル化に伴うリスクとチャンス

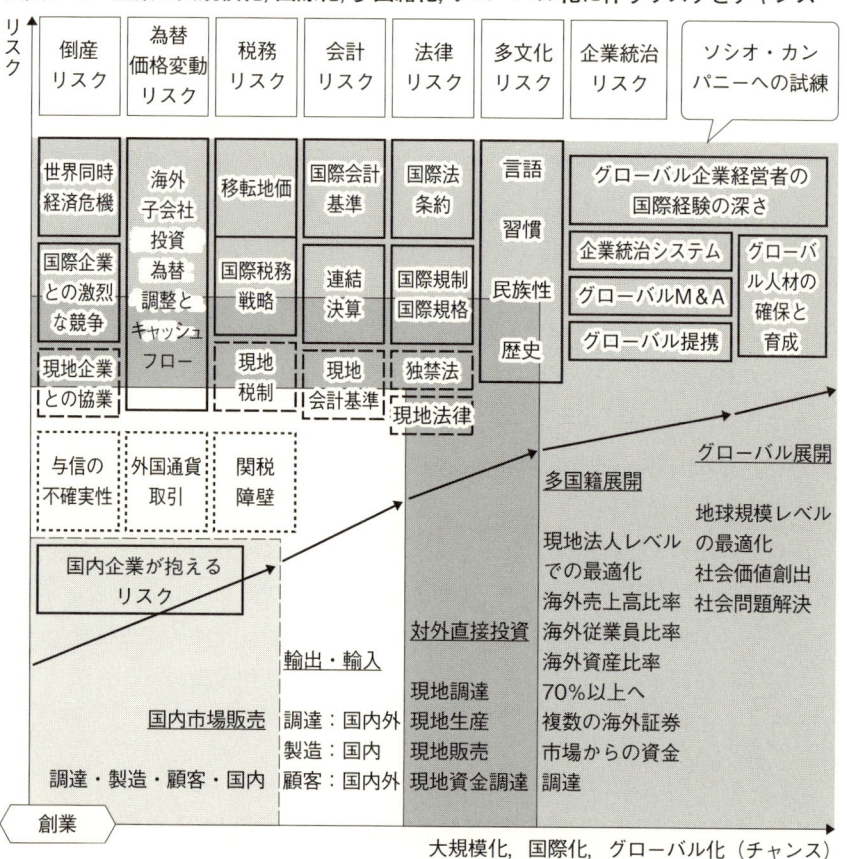

リスク項目（上段ボックス）：倒産リスク／為替価格変動リスク／税務リスク／会計リスク／法律リスク／多文化リスク／企業統治リスク／ソシオ・カンパニーへの試練

主な要素：
- 倒産リスク：世界同時経済危機／国際企業との激烈な競争／現地企業との協業
- 為替価格変動リスク：海外子会社投資 為替調整とキャッシュフロー
- 税務リスク：移転価格／国際税務戦略／現地税制
- 会計リスク：国際会計基準／連結決算／現地会計基準
- 法律リスク：国際法条約／国際規制 国際規格／独禁法／現地法律
- 多文化リスク：言語／習慣／民族性／歴史
- 企業統治リスク：グローバル企業経営者の国際経験の深さ／企業統治システム／グローバルM&A／グローバル提携
- ソシオ・カンパニーへの試練：グローバル人材の確保と育成

下段（段階別）：
- 創業：国内市場販売／調達・製造・顧客・国内
- 与信の不確実性／外国通貨取引／関税障壁／国内企業が抱えるリスク
- 輸出・輸入：調達：国内外／製造：国内／顧客：国内外
- 対外直接投資：現地調達／現地生産／現地販売／現地資金調達
- 多国籍展開：現地法人レベルでの最適化／海外売上高比率／海外従業員比率／海外資産比率 70％以上へ／複数の海外証券市場からの資金調達
- グローバル展開：地球規模レベルの最適化／社会価値創出／社会問題解決

横軸：大規模化，国際化，グローバル化（チャンス）
縦軸：リスク

出所：Doupnik, T. and H. Perera（2008），pp.1-16，及び伊藤（2004），pp.3-19などを参考にして，筆者がリスクマネジメントの観点から図表化した。

創業〜第一段階：国内市場から輸出・輸入取引を中心とした海外市場へ展開

　国内市場の飽和や衰退等による代替販売市場の開拓のための輸出や製品の原材料などの資源の調達やコスト低減のための輸入により，海外市場との取引が開始される。製造拠点は国内のままで，調達と顧客は国内市場に加えて海外市場への展開になると，与信の不確実性，外国通貨取引，関税障壁の要因から生ずる倒産リスク・為替価格変動リスク・税務リスクに直面する。例えば，国内拠点から海外顧客へ製品を輸出販売する場合，輸出販売からの売上増加のチャ

ンスを得ることができるが，まだ海外市場での企業の与信力が弱いため，決済通貨は自国通貨でなく外国通貨となる場合が多く，国内取引では経験しなかった外国為替リスクに直面する。取引量が増加すれば,外国通貨オプション等のデリバティブ型の財務証券の購入を通して，外国為替リスクからの影響の最小化を図る必要が発生する。

第二段階：対外直接投資による現地調達／現地生産／現地販売／現地資金調達

　企業の大規模化による製品やサービスのコストの効率化，現地証券市場からの資金調達などのチャンスを得るために，製造工場のような外国資産の取得を含めて現地調達・現地生産・現地販売を行う対外直接投資の段階へと展開していく。そこでは，現地企業との協業・競争，現地子会社への設備投資・運営管理，現地税制，現地法律，現地会計基準，現地言語・習慣・民族性・歴史等のリスク要因から，上記の輸出・輸入取引を中心とした海外市場展開からのリスクに加えて，会計リスク・法律リスク・異文化リスクが発生する。

　現地に投資をする際に新たに法人を設立して，設備や従業員の確保，事業チャネルの構築や顧客の確保を一から行うグリーンフィールド投資方式は，事業が軌道に乗るのに時間が掛かり，激しい競争について行けないリスクの可能性がある。最近では，現地企業をM&A手法により買収し，短期間の内に事業展開を図ろうとする傾向がある。しかし，買収後，満足する事業結果を得られない買収リスクが発生する場合には，買収時の投資資金の債務返済やのれん償却が当該企業全体の買収後の事業利益に大きな負担を与える。

第三段階：多国籍展開による現地法人レベルでの最適化

　一国への対外直接投資から更なる発展段階として，世界各国でビジネスを展開し，多国籍企業の現地法人化を進め，それぞれの国で現地化を徹底させ，現地法人に企業としてのすべての機能を持たせるようになる。そこでは，世界の各地域で，国際企業との激烈な競争，税務戦略や移転価格問題，経済危機，国際会計基準，国際法・条約，多様な言語・習慣・民族性の影響要因から多様なリスクが発生する。

　この段階では，国境を越えて別の国にある本社から各種機能を提供するよりも，多国籍の各現地企業で各種機能を持ち，コストの低減と顧客に対する対応

レベルを向上させ，現地法人レベルで最適化を図り競争優位に立つことができる。また，多国籍化により複数の海外証券市場から資金調達ができるようになるチャンスを得ることができる。

第四段階：グローバル展開による地球的規模レベルの最適化

現地法人レベルの最適化を実現した多国籍企業は，企業に必要なすべての機能を地球的規模での最適化を図るためにグローバル企業に進化していく。つまり，現地法人が営業，人事，財務，製造，研究開発，マーケティング等のすべての機能を持つよりも，それぞれの機能を切り出して，価格と品質の観点から最適な地域からの提供により企業全体の観点で競争力の向上を図っていく戦略が実行される。ここでは，国のポートフォリオの選択の問題が重要になる。すなわち，販売市場・調達市場・生産基地・開発基地として，どの国を選び，国々を組み合わせたポートフォリオをどのように選択するかの戦略リスクの問題が存在する。

また，この段階では，会社の機関としての問題，すなわち，所有（株主）と経営の分離，経営における監督機能と執行機能の分離，そして，親会社と多数の海外子会社からなる複雑な巨大企業の運営等の要因からコーポレート・ガバナンスリスクが発生する。国際経験の豊かなグローバル企業経営者が求められ，企業の統治システムの構築，経営資源の整理・統合・配分のためにグローバルな業務提携・M&A，グローバル人材の確保と育成が必要となる。

さらに，グローバル企業には，社会価値創出や社会問題解決のコーポレート・シチズンシップの実現が求められてくる。具体的には，「自社の存続や繁栄が第一義の企業理念」からステークホルダーからの企業の社会的責任の要請を受け，社会と共生を図り，社会の発展に寄与する「本業を通じて社会貢献する企業理念」が求められてくる。つまり，コーポレート・シチズンシップを実現しながら，将来の存続を考え，社会と共存する企業，ソシオ・カンパニー（Socio-Company）への道が要請されてくる（亀井，2009，p.37）。

2-3. 持続的成長の源泉となる企業価値創造の必要性

ティモンズの企業成長モデルによると，企業は，スタートアップ期，成長期，安定期，成熟期，衰退期の各段階をリスクを取りながら前に進んでいか

なければならない。長期的には成長しない企業は必ず消滅する（Timmons & Sponelli, 2003, p.561）。企業を取り巻く環境は日々刻々変化し、企業に生じるリスクも時間や環境とともに変化する。生き残りをかけてグローバル企業への道を歩むには、大規模化、国際化、多国籍化、グローバル化を推進しながらリスク負担行動を取り競争を勝ち抜いていく必要がある。将来の成功の確約のない不確実性に満ちた過酷な競争の中で、持続的成長の源泉となる企業価値を実現し獲得するためである。

　企業価値の定義については、①企業価値を実質的に株主価値とイコールの関係と捉える見解、②企業価値をもって経済価値とイコールの関係で捉える見解（さらにこの見解は次の3つにわかれる：a. 株価を重視する見解、b. 一株当たり利益を強調する見解、c. 将来のキャッシュ・フローの現在価値であるとする見解）、③経済価値だけではなく社会価値及び組織価値を含むものと捉える見解がある（櫻井・伊藤，2007, pp.3-4）。

　企業価値は個々の企業にとって、実際、大規模化、国際化、多国籍化、グローバル化の各発展段階での企業のおかれる経営環境や経営方針により異なる。グローバル企業が地球規模レベルで企業価値の最適化を実現しようとする段階では、企業が持続的成長の源泉となる企業価値を実現し獲得してゆく中で、社会の共同体の一員として、企業の社会的責任を求められる。そこでは、企業が社会的責任を果たし、企業行動がステークホルダーの期待に応えてはじめて企業価値が向上することになる。本論文では、グローバル企業が持続的成長のための源泉として生み出さなければならない企業価値とは、企業が直接間接にステークホルダーとかかわる「株主価値，経済価値，社会価値のすべてを含むもの」とする。

2-4. ステークホルダーからの企業の社会的責任の要請

　企業が社会的責任を果たし、企業行動がステークホルダーの期待に応えてはじめて、持続的成長の源泉となる企業価値が向上することになる。キャロルは、企業の社会的責任として、4つの次元をあげている。企業の社会的責任を果たすために、まず、①企業の存続・成長のために、基盤となる「経済的責任」を果たすことが必要とされ、加えて、②政府による法令違反企業への制裁や労働条件改善等の法的取り組みと同時に、企業側も「法的責任」を果たすことが要

求される。そして，③企業には，自主的な取り組みとして，「倫理的責任」が不可欠であるとともに，さらに，④経済的責任,法的責任，倫理的責任が果たされる前提で「社会貢献責任」が問われるとしている（Carroll & Buchholtz, 2006, pp.35-41）。

本論文における企業の社会的責任の定義は，上記のキャロルによる「企業の社会的責任ピラミッド」理論を踏まえ，「多様な利害関係者からの社会的要請に応じた企業行動責任の4つの次元」，すなわち，「経済的責任，法的責任，倫理的責任，社会貢献責任」とする。企業の社会的責任の領域については，環境対策や雇用問題の領域だけではなく，コーポレート・ガバナンスの問題領域への企業の社会的責任の拡張を考えて，「ガバナンス，内部統制，法令順守，消費者・取引先対応，環境，社会貢献，雇用・人材活用」を企業の社会的責任の領域とした。

グローバル企業におけるコーポレート・ガバナンス問題は，企業内部に直接関係するステークホルダー，株主と経営者，取締役会と執行役員会，親会社と海外子会社の間の関係問題に加えて，企業の外部のステークホルダー，すなわち，取引先，消費者，株主・投資家，経営者団体，労働者団体，政府機関，地域社会，国際社会，NPO等との関係問題がある。コーポレート・ガバナンスの分野に関する企業の社会的責任も，当然，企業内外のステークホルダーに対して，経済的責任，法的責任，倫理的責任が果たされる前提で社会貢献責任が問われることになる。

2-5. コーポレート・シチズンシップ

グローバル企業は，「自社の存続や繁栄が第一義の企業理念」を超えてステークホルダーからの企業の社会的責任の要請を受け，社会と共生を図り，社会の発展に寄与する「本業を通じて社会貢献する企業理念」が求められてくる。本業を通じて社会貢献する企業理念とは，社会価値創出や社会問題解決を意味する。社会価値を創出する企業とは，（1）収益性を基軸とする事業価値（妥当な収益性），（2）社会の一員として社会への貢献を考える社会価値（広い社会性），（3）働く人々の働きがいや自己実現活動をサポートする人間価値（深い人間性）をバランスさせる企業を意味する（亀井，2009，p.37）。

第4章 グローバル企業のガバナンス・リスクマネジメント

図表4-3　グローバル企業に関する社会的責任とコーポレート・シチズンシップ

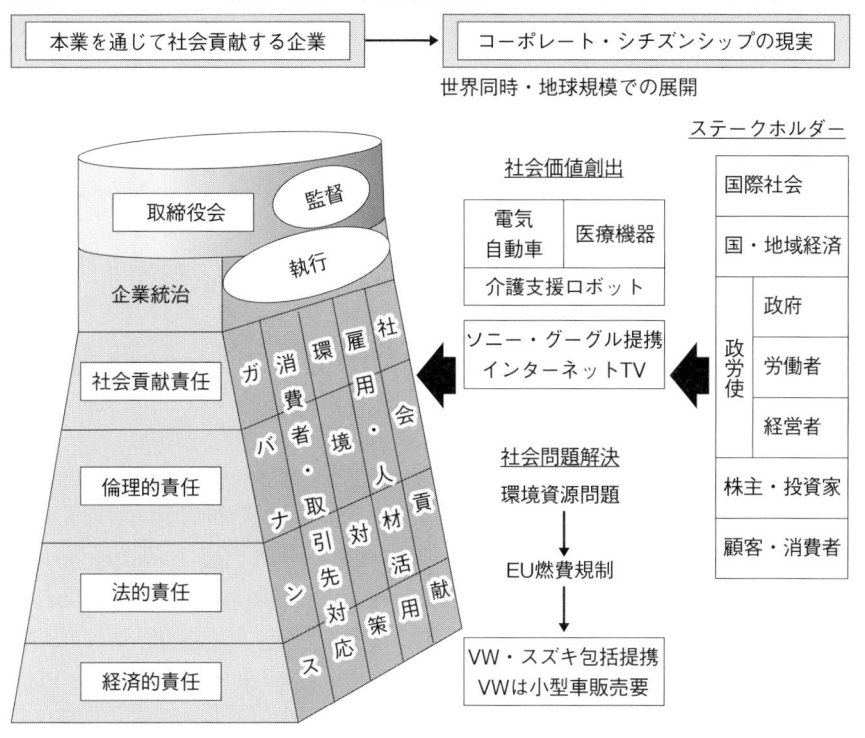

本業を通じて社会貢献する企業　→　コーポレート・シチズンシップの現実
世界同時・地球規模での展開

ステークホルダー

社会価値創出
| 電気自動車 | 医療機器 |
| 介護支援ロボット ||

ソニー・グーグル提携
インターネットTV

社会問題解決
環境資源問題
↓
EU燃費規制
↓
VW・スズキ包括提携
VWは小型車販売要

ピラミッド（左側）：
- 取締役会／監督／執行　企業統治
- 社会貢献責任
- 倫理的責任
- 法的責任
- 経済的責任

（ピラミッド面：ガバナンス／消費者・取引先対応／環境・人材活用／雇用・社会対策／社会貢献）

ステークホルダー：
- 国際社会
- 国・地域経済
- 政労使（政府／労働者／経営者）
- 株主・投資家
- 顧客・消費者

出所：Carroll & Buchholtz（2006）「企業の社会的責任ピラミッド」p.39及び
　　　亀井（2009）「ソシオ・カンパニー」p.37を参考に筆者が作成。

　社会価値創出の事例は，ハイブリッド・カーや電気自動車，内視鏡等の医療機器，介護支援ロボット，インターネットTVに関するソニーとグーグルの業務提携等が考えられる。環境資源問題解決のための欧州委員会による燃費規制に対応して，小型車販売による罰金の低減を図るフォルクスワーゲンがスズキと結んだ包括提携は，結果としてフォルクスワーゲンが社会問題解決を迫られた事例であると考えられる。「本業を通じて社会貢献する企業理念」とは，企業が社会の一員として，企業本来の営利活動とは別に社会貢献活動を行うこと，すなわち，「コーポレート・シチズンシップ」を実現することが求められる。つまり，コーポレート・シチズンシップを実現しながら，将来の存続を考え，社会と共存する企業，ソシオ・カンパニー（Socio-Company）への道が要請されてくる（亀井，2009, p.37）。以上のグローバル企業の社会的責任とコー

ポレート・シチズンシップの実現について,図表4－3に要約した。

　ステークホルダーに対する企業の社会的責任を果たすためには,財務情報の利害調整及び情報提供機能を強化し,過去・現在・未来の財務情報を事業戦略や具体的戦術に活用することが重要となっている。

3 制度・規制によるモニタリングと歴史的循環

3-1　財務情報に関する制度・規制のリスクマネジメントの歴史的流れ

　グローバル企業は,経済的責任と同時に法的責任を果たすための必須条件として,まず,制度・規制に対応することが必要である。財務情報に関する制度規制に対するリスクマネジメントの歴史をみると,「透明化（transparency),標準化（standardization),証明業務（attestation)」の発展の歴史である（Daelen and Elst, 2010, p.7)。　財務情報の透明化,標準化及び証明業務は,情報の非対称性による情報提供の機能不全を基因とした会社資金の横領,財務報告の虚偽表示,非効率・非有効管理による損失,リスクの高い戦略による損失に関するリスクを低減するために,予防的手段として行われてきた。近年,企業活動

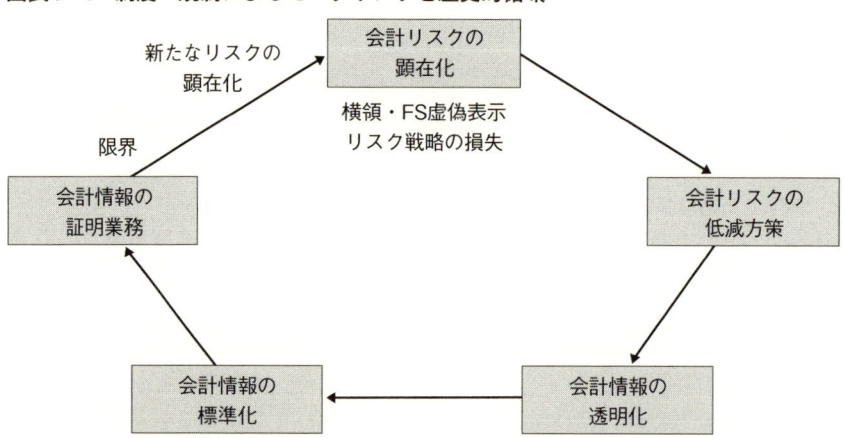

図表4－4　制度・規制によるモニタリングと歴史的循環

```
        新たなリスクの        会計リスクの
           顕在化              顕在化
                           横領・FS虚偽表示
         限界              リスク戦略の損失

      会計情報の                          会計リスクの
       証明業務                           低減方策

              会計情報の        会計情報の
               標準化            透明化
```

がグローバル化する中で財務情報の透明化を高めるために，その証明業務（監査）とともに国際的標準化が急速に進められている。図表4－4の過去の歴史的循環が示すように，透明化，標準化及び証明業務の制度対応は，重要であるが，常に限界が存在し，新たなリスクが顕在化して，継続した制度改革が必要となる。

　「透明化，標準化，証明業務」の発展の財務情報のリスクマネジメントの歴史は，グローバル化に伴う制度・規制によるモニタリングとして，現在も図表4－5に示すように，繰り返されている。近年，会計リスクの顕在化が多発した。その原因は，情報の非対称性による情報提供の機能不全によると考えられた。制度・規制による会計リスクの低減方策は，情報提供の透明性の要求を強め，証券市場の会計情報の開示制度の強化と信頼性を担保するための保証業務としての会計監査の強化が行われた。さらに，企業のグローバル化に伴う制度・規制として，国際会計基準や国際監査基準の統一化による標準化が進められてきた。しかし，標準化による問題として，バブル期や経済危機時に正しい物差しとして実態を反映しなくなる機能不全が，特にリスク資産の公正価値測定の問題として発生した。そこで，制度規制（ハードロー）に加えて，ソフトローの面からも，ガバナンスやリスクマネジメントによる対応が，規制当局ばかりでなく，企業内の取り組みとしてなされてきている。

　グローバル企業のような個別の組織においては，透明化，標準化及び証明業務の制度対応は，法的必須条件として行わなければならない。さらに，企業の持続的成長への道の十分条件として，リスクの高い戦略による損失に対するリスクの低減を図る企業内の仕組みとともに，倫理規範を含む企業のリスク文化の創造・促進が求められる。

図表4-5　グローバル化と制度・規制によるモニタリング

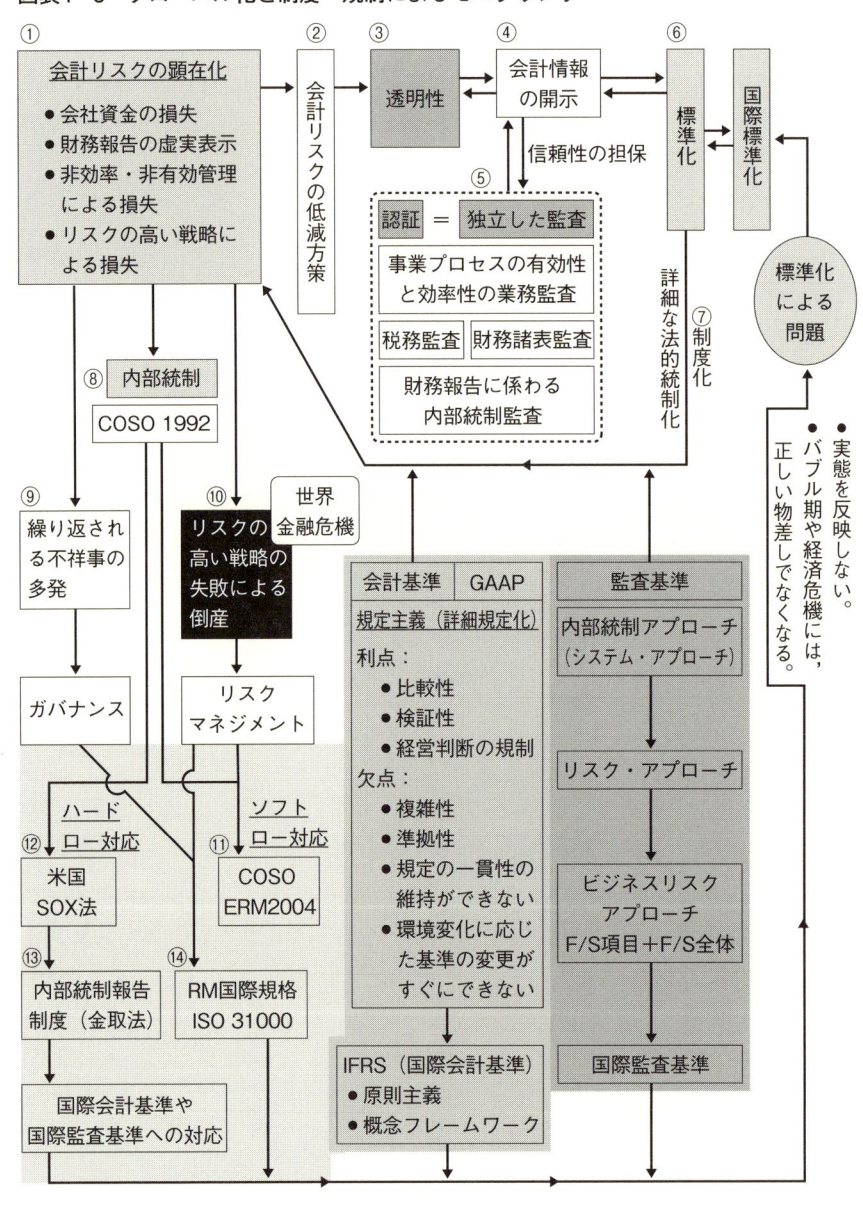

① **会計リスクの顕在化**
- 会社資金の損失
- 財務報告の虚実表示
- 非効率・非有効管理による損失
- リスクの高い戦略による損失

② 会計リスクの低減方策

③ 透明性

④ 会計情報の開示

⑤ 認証 ＝ 独立した監査
- 事業プロセスの有効性と効率性の業務監査
- 税務監査　財務諸表監査
- 財務報告に係わる内部統制監査

信頼性の担保

⑥ 標準化 — 国際標準化

⑦ 詳細な法的統制／制度化

⑧ 内部統制　COSO 1992

⑨ 繰り返される不祥事の多発

⑩ リスクの高い戦略の失敗による倒産　世界金融危機

ガバナンス

リスクマネジメント

⑫ ハードロー対応：米国SOX法

⑪ ソフトロー対応：COSO ERM2004

⑬ 内部統制報告制度（金取法）

⑭ RM国際規格 ISO 31000

国際会計基準や国際監査基準への対応

会計基準｜GAAP
規定主義（詳細規定化）
利点：
- 比較性
- 検証性
- 経営判断の規制

欠点：
- 複雑性
- 準拠性
- 規定の一貫性の維持ができない
- 環境変化に応じた基準の変更がすぐにできない

IFRS（国際会計基準）
- 原則主義
- 概念フレームワーク

監査基準
- 内部統制アプローチ（システム・アプローチ）
- リスク・アプローチ
- ビジネスリスクアプローチ　F/S項目＋F/S全体
- 国際監査基準

標準化による問題
- 実態を反映しない。
- バブル期や経済危機には、正しい物差しでなくなる。

3-2. ディスクロージャーをめぐる不適正な開示事例の発生

　資本市場が急速にグローバル化する中，一方では，昨今，主要各国の資本市場において，財務報告の開示内容など，ディスクロージャーをめぐる不適正な開示事例が発生している。

　米国におけるエンロン（2001年）及びワールドコム（2002年）の粉飾決算に端を発した会計不信から，ヨーロッパにおけるパルマラット事件，日本での有価証券報告書の虚偽記載問題及び公開企業の粉飾決算等に至るまで，公開企業の公表財務諸表に関する信頼性が大きく揺らいできている。

　1990年代後半，エンロンは次々にデリバティブ商品を生み出し華やかな成長を遂げたが，半面，深刻な問題，すなわち世界各地に発電所を建設して「これらの投資の失敗による巨額の損失」を抱えていた。この巨額損失を隠すために作られたペーパーカンパニー（約3,000社）が特別目的会社（SPE）であった。その手法は，基本的には，巨額損失を生み出す発電設備等の資産をSPEに飛ばして，飛ばした資産に損失が出たとき，その分をエンロン株を売却して補填する仕組みであった。それは，ウォール街の代表的金融機関（メリルリンチ，JPモルガン等）が出資に加わり複雑な金融手法を用いた仕組みとなっていった（奥村，2006，pp.54-62）。

　当時の会計指針の解釈において，SPEを連結除外するため1つの要件，「総資産の3％以上の外部投資家による資本出資」を適用して，エンロンは,SPE（約3,000社）を連結範囲から除外して，「損失飛ばしと補填」のメカニズムを作り出した。また，時価会計の悪用（積極型会計＝Aggressive Accounting）により，「いったん長期契約が締結されると，当該契約の下における将来キャッシュ・インフローの流列の割引現在価値が収益として認識され，早期に利益が認識され，過大な継続利益計上」をしたりして，見せかけの良い企業業績を演出してエンロンの成長神話を作り出し高い株価の維持を図っていた。バブルが崩壊してエンロン株は下落し，エンロンは破綻した（大島・矢島，2002，p.108）。上記のエンロンの粉飾決算の仕組みは，図表4-6のように要約される。

　これを契機に，① 米国では，2002年1月，SECがオフバランスシート・アレンジメント（連結範囲外のSPE取引等）の開示強化（FRR61）を打ち出すと

図表4−6　エンロンの粉飾決算の仕組み

エンロンの「損失の飛ばし」の仕組み

連結範囲から除外（非開示）

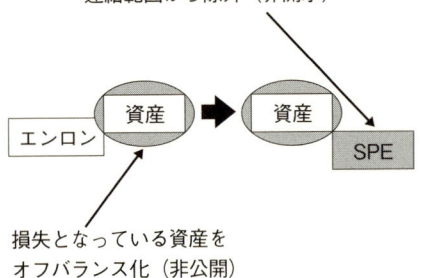

エンロン → 資産 ⇒ 資産 → SPE

損失となっている資産を
オフバランス化（非公開）

エンロンの「損失補塡」の仕組み

エンロン
エンロン株 → SPE

飛ばした資産に損失が出ると
エンロンは株を売って補塡する

ともに，② 2003年1月にFASBがFIN46「変動持分事業体（VIE）の連結－APB No.51実務指針－」を公表し，③ 2003年12月に，FIN46の改訂版にあたるFIN46F「変動持分事業体（VIE）の連結－APB No.51解釈指針」を公表した（高島・草野，2004，pp.256-258）。

　この米国のエンロンの不適正な開示事例では，監査を担当する世界5大会計事務所の1つであったアンダーセンがエンロンの破綻直前年度に約30億円の監査報酬と約32億円のコンサルティング報酬を受け取っていたことが明らかになった。崩壊後には，アンダーセンは監査調書の大量破棄によって司法妨害罪で起訴され，株主訴訟によって約70億円の和解金を支払うことで合意して，2002年8月に事実上，消滅したのである（IBMビジネスコンサルティングサービス，2005，p.10）。

　パルマラット（Parmalat）は，イタリアの食品会社（乳製品が主）であり，ヨーロッパ有数の多国籍企業でもある。地元のサッカークラブのACパルマの親会社でもあったが，不正経理疑惑を受けて2003年に地元であるパルマの地方裁判所に破産申請した。

　日本では，2004年10月以降，西武鉄道株式会社における有価証券報告書の「株主の状況」に関する不実記載が多年にわたって隠蔽されていたという事実，カネボウ株式会社における多額の粉飾による有価証券の虚偽記載，株式会社ライブドアの有価証券報告書の虚偽記載などの事例が挙げられる（池田，2007，

pp.6-10）。

　これらの不適正な開示事例の発生を契機に，各国，各地域において，公表財務諸表の信頼性を担保してきた外部監査人の責任が激しく問われると同時に，財務報告に係る開示企業の内部統制が有効に機能していなかったのではないかとの懸念から，経営者による内部統制強化の責任の必要性が指摘されたのである。

　このような状況を踏まえると，ディスクロージャーの信頼性を確保するために，開示企業における内部統制の充実を図ることは，個々の開示企業に業務の適正化・効率化等を通じた様々な利益をもたらすものである。同時に，ディスクロージャーの全体の信頼性，ひいては証券市場に対する内外の信認を高めるものであり，開示企業を含めたすべての市場参加者に多大な利益をもたらすものである（企業会計審議会，2007）。

3-3. 制度・規制による解決策

　米国では，エンロン事件等をきっかけに企業の内部統制の重要性が認識され，2002年7月に企業改革法（サーベインズ・オクスリー法）が成立し，その第404条（内部統制評価報告義務と監査），関連のSEC規則及び公開企業会計監視委員会（PCAOB）監査基準第2号において，有効な内部統制システムを構築し維持する責任は経営者にあることを認めた経営者自らの言明（宣誓書）及び内部統制報告書の作成が義務付けられ，さらに，これについて公認会計士等による監査を受けることが制度化された（新日本監査法人編，2007，p.14）。

　日本でも，2006年6月に成立した金融商品取引法により，「内部統制報告制度」が上場会社を対象に2008年4月1日以降開始される事業年度から適用され，「経営者（会社代表者及び最高財務責任者）による財務報告に係る内部統制の評価及び報告（内部統制報告書）」と「その評価結果に対する監査人による監査と意見表明」を義務付けた。図表4－7は，内部統制システムの制度化の流れを示したものである。

　そこでは，内部統制を整備・運用する役割と責任を有するのは経営者であることを明確にした。そして，財務報告に係る内部統制については，その有効性

図表4-7 内部統制システムの制度化

```
                    会計不祥事の多発

        2001年    エンロン（米）破綻
        2002年    ワールドコム（米）破綻
        2003年    パルマラット（伊）破綻
        2004年    粉飾決算や虚偽表示による上場廃止（日本）

          ディスクロージャー制度の信頼性確保・不正対応の必要性
                            ↓
```

米国2002年	日本2005年
企業改革法（サーベインズ・オクスリー法） PCAOB（監査基準）2号 2004年米国早期適用会社適用開始 2007年3月期日本企業を含む外国民間企業（FPI）適用会社に適用開始	金融庁基準法（2005年12月） 会社法施行（2006年5月） 金融商品取引法成立（2006年6月） 実施基準(公開草案)(2006年11月) 基準・実施基準確定（2007年2月） 内部統制報告制度（JSOX）適用（2008年4月以降）

出所：新日本監査法人編（2007）『内部統制の実務Q&A』東洋経済新報社, p.14。

を自ら評価して，これについて公認会計士等による監査を受けることを制度化したのである。

　また，日米以外でも，英国，フランス，カナダ，韓国等において，同様の制度が導入されている（池田，2007，pp.39-40）。

　財務情報の透明化，標準化及び証明業務としての制度・規制におけるリスクマネジメントの歴史的流れは，近年，財務情報のグローバル化に伴う開示と監査の国際的統一の流れとして進行している。近年のディスクロージャーをめぐり不適正な開示事例の発生に対する解決策としては，制度・規制による対応が実施された。具体的には，財務報告の情報提供機能の改善・強化を目的に，内部統制報告制度の導入が世界的レベルで実施されている。

第4章 グローバル企業のガバナンス・リスクマネジメント

4 モラル・ハザード現象と予防策のパラドックス

次に，財務情報の透明化，標準化及び証明業務としての制度・規制におけるリスクマネジメントの歴史的流れの中で，制度・規制の限界として，モラル・ハザード現象と予防策のパラドックスの事例を取り上げ，分析を行う。

4-1. モラル・ハザードの予防策

エージェンシー理論（Jensen & Meckling, 1976）は，意思決定能力が委譲される取引関係の経済問題の構造を，委託人（プリンシパル）と代理人（エージェンシー）からなるエージェンシー関係として捉える。そして，企業の所有と経営の分離（Berle & Means, 1932）に基づいて，経営者（エージェンシー）が株主（プリンシパル）の情報の非対称性の不備に付け込んで，悪徳的に浪費等の自己利害に走るリスクの可能性，即ち，モラル・ハザード現象が生じると論ずる。このモラル・ハザード現象は，アダム・スミスの『国富論』(1776)において，すでに，235年前の時代にも，株主は一定の配当金を受け取ることのみに関心があり，会社の業務運営に関心が薄かったので，多かれ少なかれ，経営陣である取締役の怠慢と浪費が常に支配的とならざるを得ない状態であったと指摘されている。

4-2. モラル・ハザードに対する予防策のパラドックス

エージェンシー理論のモラル・ハザード現象を前提に，その予防策として，経営者のインセンティブ報酬システムや行動を監視するモニタリング・システムが論じられ，世界の証券市場に上場する多くの企業によって導入された。しかし，今回の世界同時金融危機のように，妥当に見えるリスクの予防策の推論から，受け入れがたい結論が得られたことによるパラドックスが生じた（Raynor, 2007, pp.305-360）。

次頁の図表4－8にみるように，経営者のインセンティブ報酬システムに関しては，世界主要国の金融当局によるFSB（金融安定化理事会）は，「長期的

図表4-8 モラル・ハザード現象と予防策のパラドックス

```
リスク：経営者がステークホルダーのためでなく，自己の利害に走るリスクの可能性
```

企業の所有と分離 → 情報の非対称性 → モラル・ハザード現象（エージェンシー理論）
　　　　　　　　　　　　　　　↓
　　　　　　　　　　　　リスク予防策
　　インセンティブ報酬システム　　　　　経営監視モニタリング・システム

　経営者の過度の報酬要求　　　　バーゼルⅡ規制（銀行のミニマム・リスク管理スタンダード）
　　　　非論理的特性　　　　　　　自己資本比率規制，会計基準（公正価値）

　　　　　　　　　デリバティブ商品開発と販売
　　　　　　　不良債権になることの確率が高いサブプライム・ローン

　　　　　リスクの高い戦略の選好　　　　　資本市場での金融商品価格崩壊

　　　　　　　　　　　　　　　　　　　　　　　　　　　景気循環増幅効果
受　　高額報酬　　　　巨額な損失　　世界同時金融危機　　（プロシクリカリティ）
け　　　　　　　　　　企業倒産
入
れ　　　多額の
が　　　退職金　　　　　　　　　　　↓
た　　　　　　　　　　　財務情報のディスクロージャー（時価会計）
い
結　　　　　　　　　　　信頼性　→　忠実な表現
論

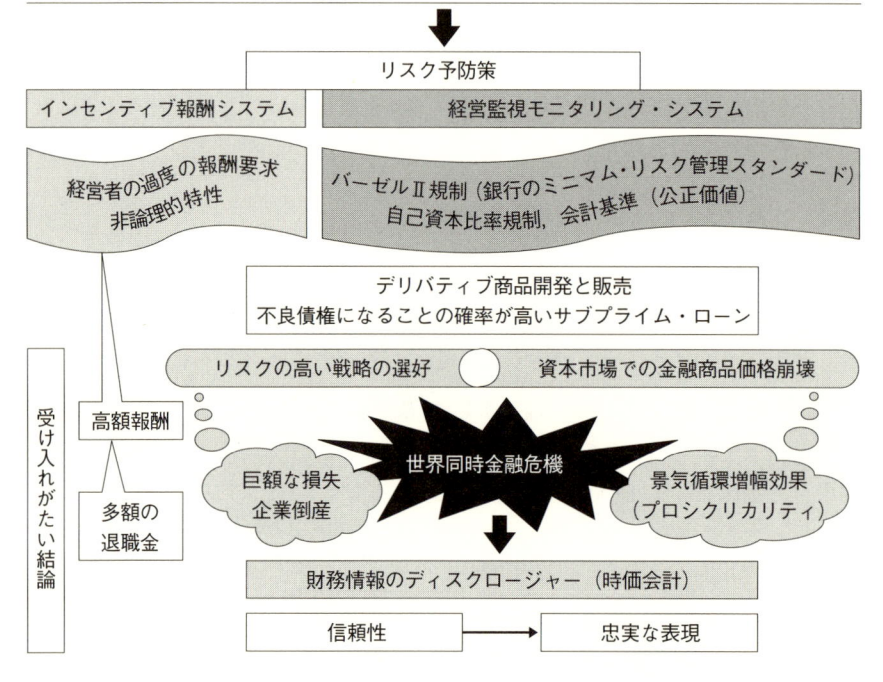

なリスクを十分考慮せずに，（デリバティブ商品の時価会計による財務報告上の利益に基づいた）短期的な高い利益に連動して多額な賞与を支払う大手金融機関の報酬慣行は，金融危機の原因の１つであった」と評価した（Financial Stability Board, 2009）。

また，G20 ロンドン・サミットにおいて，時価会計及びこれをベースにした行動監視モニタリング・システムである金融機関の自己資本規制（バーゼルⅡ）は景気循環を増幅し，マクロ経済に悪影響を及ぼしたとして，景気循環増幅効果（プロシクリカリティ）を軽減するための提言の実施を進めるべきとした（U.S. Department of Treasury, 2009）。

4-3　インセンティブ報酬システムのパラドックスに対する解を求めて

　倫理欠如の経営者と同調者が，天井のない欠陥報酬メカニズムに刺激されて，短期的には高い収益をもたらすが最終的には破綻をもたらすデリバティブ商品を販売したこと，これらが，金融危機を引き起こした原因ならば，これらをいかに改善し，または排除するかが課題となる。

　米国では，金融危機の再発を防ぐ目的で，2010年7月21日に金融改革法，「ドッド＝フランク　ウォール・ストリート改革及び消費者保護法（ドッド＝フランク法）」（Dodd-Frank Act, 2010）が制定され，デリバティブ商品販売の規制や役員報酬の開示強化が行われた。これは金融機関ばかりでなく，すべての上場会社に対して，2011年の委任状／株主総会の招集通知より適用された。役員報酬については，開示強化（第9編　第E章　説明責任及び役員報酬）が求められた。具体的項目は，①Say-on-pay 制度の義務化，すなわち，役員報酬の賛否について株主による投票の義務化，②報酬委員会及びそのアドバイザーの独立性の強化，③報酬と成果の連動，報酬の内部公平性，報酬に対するヘッジ方法，及び現行のリーダーシップ構造を採用する理由の開示強化，④クローバック条項，すなわち，誤った会計数値に基づいて支払われた報酬を回収する取り決めの設定等である。

　リーマンショック（2008年9月15日）以後，グローバルな経済政策の重要課題として，G20首脳会議等で金融監督の強化が議論された。日本では，「平成22年内閣府令12号」が公布・施行され，2010年3月31日以降に到来する決算期に係る有価証券報告書に，役員報酬に関して「連結報酬等の総額が1億円以上である者について個別に開示すること」が義務付けられた。

　住友信託銀行証券代行部編（2010年10月）「有価証券報告書における役員報酬開示の事例分析」によると，2010年3月31日以降に決算期が到来した対象会社1,916社のうち，1億円以上の報酬があった役員の個別開示をした会社は139社であり，従業員の平均年収の60倍以上の報酬を得た役員は8名である。最高の報酬額は，日産の社長兼CEOカルロス・ゴーンで報酬は8.9億円であり，従業員の平均年収670万円の142倍である。日本人役員の最高報酬額は，大日本印刷の社長の北島義俊の7.9億円であり，従業員の平均年収647万円の121倍

である。

　おおむね1億円以上の報酬を得ている役員の報酬は従業員の平均年収の10倍から40倍までのところに集中している。1億円以上の報酬を受けた役員のいる企業の中には，日産自動車，東芝，新生銀行の3社は無配，住友金属工業，新生銀行は赤字であった。外国法人による持株比率の高い企業が，比較的高額報酬を支給している傾向があった。

　金融危機後，日本国内市場の需要は減少し成長が期待できない状況にあり，内需型大手企業を中心に海外事業比率を高め，グローバル化を加速する企業が相次いでいる。これらの企業は，多文化環境でのグローバル経営の経験や能力を持つ経営陣が必要になり，また，外国人の経営陣を採用し海外の運営を委託することが多くなる。各国の労働コストや役員報酬システムは異なり，優れたグローバル人材の確保と新たな報酬システムの構築が必要になる。

　過去の歴史をみると，法的規制の強化・緩和の循環は，業界団体や規制当局との政治的綱引きの中で，経済の景気状況や世論の反応に左右されながら変動してゆく。したがって，法的制度規制のみから，経営者報酬問題に関連した戦略のパラドックスの解を見出すことは難しい。今回の日本の「平成22年内閣府令12号」は「役員報酬の開示」義務のみで，何らの経営陣の報酬システムに対する法的ガイドラインを示すものでなかった。インセンティブ報酬システムのパラドックスに対する解の方策として，米国と日本の制度対応を図表4-9のように，示すことができる。

　経済環境の変化や激烈な企業間競争により，企業が持続的に利益を上げることは，実際，容易ではない。経済的に悪影響を及ぼすリスクが高い商品やサービスと分かっていても，それらを販売すれば，近い将来に，企業に巨額の損失や倒産を引き起こす可能性があることを分かっていても，短期的に利益を得ることができ，最悪の結果でも，自分たちが何ら社会的にも責任を負わずにすむと思うと，高額報酬を得るために，安易な道を選択する経営陣と同調者達が出てくる。

　今回の金融危機は金融業界を中心に世界経済全体を巻き込んだ。高額報酬欲求にとりつかれた金融機関の経営陣，不良債権になることの確率が高いサブプライム・ローンを材料にデリバティブ商品を作り出す金融エンジニア，リスクの高いデリバティブ商品に高い格付けをする格付け会社のスペシャリストたち

図表4-9　インセンティブ報酬システムのパラドックス対する解

経営者報酬の開示強化	
米国	日本
ドッド＝フランク法 1) 役員報酬の賛否の株主投票義務 2) 報酬委員会・アドバイザーの独立性強化 3) 報酬と成果連動等の理由の開示強化 4) 誤った会計数値に基づく支払い報酬の回収	1億円以上の役員報酬の開示 2010年3月～2011年1月期決算で役員報酬1億円以上の開示企業は145社，人数は268人 ー法的ガイドラインなし

法的規制の強化・緩和の循環は業界団体や規制当局と政治的綱引きの中で，経済の景気状況や世論の反応に左右されながら変動

人間はいかに法でその行動を締め付けても，不正を働くことがある。人間の方に目を向け，行動規律，倫理観，企業文化を構築すべき（上田，2009a, p.21）。

高いリスク発生の可能性
戦略の修正，複数の代替戦略からの最適化を見出し意思決定する事が必要
企業組織内に戦略リスクを監視する役割の任命
CRO：チーフ・リスク・オフィサー　／　コーポレート・リスク・オフィサー

を中心に引き起こされたといわれる。これは，天災（自然災害）ではなく，まさに人災（不適切行為）で，未曾有の経済的災害を世界中に引き起こしたソーシャル・リスクである。

　経営倫理あるいは経営者倫理が欠如している不良経営者が企業の実権を握っている以上，いかなる法律，規則，定款，約款，規定も極めて無力であるという指摘がある（亀井，2009，p.21）。人災（不適切行為）によるソーシャル・リスクの予防策について，企業行動の源泉である人間はいかに法でその行動を締め付けても，何らかの原因，要因により不正を働くことがある。したがって，倫理リスクマネジメントのウエイトはむしろ人間の方に目を向け，企業トップや社員がそうした行動をとりにくくする規律，倫理観，企業文化などを作るべきであるとの指摘もある（上田，2009a，p.21）。

パラドックスの解には，経営者倫理問題の改善が重要となる。さらに，コミットした戦略が，経営者の非倫理的特性により，高いリスクを発生させ，大失敗の見込みを高める可能性が許容レベルを大きく上回る場合には，直ちに，戦略を修正させ，複数の代替戦略から最適解を見出し意思決定させることが必要となる。戦略リスクを監視する役割が企業組織内に必要である。例えば，戦略リスクを監視し，取締役会に警告を発するチーフ・リスク・オフィサーとか，コーポレート・リスク・オフィサーと呼ばれる役割の任命が考えられる。

4-4　経営監視モニタリング・システムのパラドックスに対する解を求めて

バーゼルⅡによる自己資本比率規制は2007年3月末に導入された。図表4－10に示すように，公正価値によって，ファンダメンタルズ（経済活動の状況を示す基礎的な要因）を反映しない損失が自己資本比率を著しく押し下げ，銀行による投げ売りを誘発した。具体的には，金融商品（リスク資産）の公正価値測定による損失が投げ売りを促進し，金融危機が一層深刻になったという批判がある（American Bankers Association, 2009）。

経営監視モニタリング・システムのパラドックスに対する解の1つに，景気循環増幅効果の緩和策として，バーゼル銀行監督委員会が2010年12月16日に公表した，バーゼルⅢテキスト及び定量的影響度調査の結果がある（Basel Committee, 2010）。銀行に対する新たな自己資本比率規制であるバーゼルⅢは，国際的に活動する銀行に対して，今後も大きなリスクを取ることを許容する一方で，損失が発生した場合に備えて，厚い資本バッファーを持つことを要求している。具体的には，資本流出抑制策として，資本バッファー（最低比率を上回る部分）の目標水準に達するまで配当・自社株買い・役員報酬等を抑制するものである。

他方，公正価値フレームワークと開示強化のために，IASB（国際会計基準審議会）は，公正価値測定と開示に関する新基準書として，2011年5月12日にIFRS（国際財務報告基準）第13号を公表した（IASB, 2011）。ここでは，レベル3といわれる「観察不能な市場価値」の公正価値の開示内容の透明性を高めるために，評価技法や重要な観察不能なインプット数値情報などの開示要

第4章　グローバル企業のガバナンス・リスクマネジメント

図表4－10　バーゼルⅡが有する潜在的な景気循環増幅効果

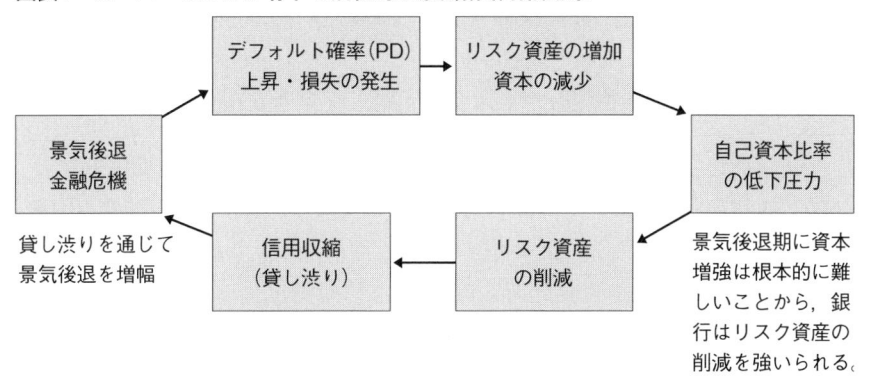

```
                    ┌──────────────┐    ┌──────────────┐
                    │デフォルト確率(PD)│──→│リスク資産の増加│
                    │上昇・損失の発生 │    │資本の減少    │
                    └──────────────┘    └──────────────┘
                          ↑                    │
┌──────────┐                                   ↓
│景気後退  │                              ┌──────────┐
│金融危機  │                              │自己資本比率│
└──────────┘                              │の低下圧力│
                                          └──────────┘
                          ↑                    │
                    ┌──────────┐    ┌──────────┐
貸し渋りを通じて    │信用収縮  │←──│リスク資産│      景気後退期に資本
景気後退を増幅      │(貸し渋り)│    │の削減    │      増強は根本的に難
                    └──────────┘    └──────────┘      しいことから，銀
                                                       行はリスク資産の
                                                       削減を強いられる。
```

バーゼルⅡの自己資本比率

$$= \frac{\text{自己資本（基本的項目 ＋ 補完的項目 ＋ 準補完的項目 － 控除項目）}}{\text{リスク資産（信用リスクアセット，市場リスク相当額，オペレーショナルリスク）}}$$

（最低所要自己資本比率）国内基準行は4％以上，国際統一基準行は8％以上
（分子）
　基本的項目：資本金・資本剰余金・利益剰余金など
　補完的項目：その他有価証券の評価益の45％相当額，一般貸倒引当金，劣後債や劣後
　　　　　　　ローン等の負債性資本，調達手段，土地再評価差益額など
　準補完的項目：期間2年以上の短期劣後債務
　控除項目：金融機関相互の資本調達手段の意図的な保有，低格付・無格付の証券化エク

出所：金融庁/日本銀行（2010）を参考に概要を描いた。

求強化を行っている。この基準書はFASB（米国財務会計基準審議会）とのコンバージェンス・プロジェクトにおいて開発され，IASBとFASBの公正価値に関する規定はおおむね一致した。基準書はIASBの測定の目的と一致する公正価値の見積もりに関する主要な原則を規定しており，公正価値測定と開示のフレームワークを提供するものである。そして，公正価値で測定される金融商品と非金融商品項目の双方に適用される。

5 グローバル企業のガバナンスとリスクマネジメント

5-1. ガバナンス問題とリスクマネジメントの重要性

　グローバル企業は取り巻く多様なリスクの発生を助長する内外の環境要因の中で，熾烈な競争を勝ち抜き，企業の社会的責任を果たさなければならない。ステークホルダーのために企業の持続的成長の源泉となる企業価値をどのようにして経営者に追求させるか（企業経営者への規律付け），つまり，コーポレート・ガバナンス（企業統治）の問題とリスク対応が重要となる。

　ここには，①企業のステークホルダー（プリンシパル）が，どのような経営者の適性条件を持つ代理人（エージェント）に企業経営を委任するか，②代理人である経営者を監視し規律を与えるために，どのような統治機構システムを構築すべきか，③地球的規模の企業組織の多文化統治はいかに行うべきかの課題がある。これらの課題に潜在するリスク発生要因を分析し，対応するリスクマネジメントを構築することが必要になってくる。

　ステークホルダーのために企業の持続的成長の源泉となる企業価値を，どのようにして経営者に追及させるか（企業経営者への規律付け）というガバナンス問題とリスク対応について，事例を通して検討する。ここでは，グローバル成長戦略とコーポレート・ガバナンスの違いにより，企業価値の向上に著しい差が出た事例として，日本板硝子とスズキ（自動車）を取り上げる。

5-2. ガバナンス問題の事例研究の概要

　日本板硝子の事例は，国内市場を中心に事業展開していた企業が，2倍以上の売上規模を有する海外グローバル企業の買収をテコに，2年間でグローバル化を一気に加速する成長戦略をとった事例である。日本板硝子の事例の概要は，次頁の図表4－11に要約して示した。

　2006年6月，板ガラス生産で世界6位の日本板硝子（世界市場占有率4％）が180年の歴史を誇る世界3位の英国ピルキントン社（世界市場占有率10％）を買収し，世界トップシェア（世界市場占有率14％）の旭ガラスに並んだ。買収前の2006年3月期と3年後の2009年3月期を比較してみると，日本板硝

子の海外売上比率は20％から72％，製造拠点は3ヵ国から29ヵ国，従業員数は1万2,700人から3万1,400人となり，急速に大規模化，国際化，多国籍化，グローバル化が進行した。

これに対して，スズキ（自動車）の事例は，鈴木修社長が社長就任時，売上3,000億円だった会社が30年かけて，GMとの業務提携やインドなどへの海外進出を果たしながら，段階的に3兆円規模のグローバル企業に成長した事例である。スズキの事例の概要は，図表4－12に要約して示した。

スズキの2009年3月期の事業状況をみると，製造拠点は23ヵ国，販売地域150ヵ国，従業員数は50,613人であり，海外売上高比率67.9％，海外従業員比率71.8％，海外資産比率39.4％を示して，国連の多国籍企業インデックスは59.6％と50％を超えている。

5-3. 経営者の適性条件

企業のステークホルダー（プリンシパル）が，どのような経営者の適性条件を持つ代理人（エージェント）にグローバル企業の経営を委任するか？

スペンスは労働市場を例に，情報の非対称性を有し，かつ不完備な市場において，相手の質を選別する理論を「シグナリング理論」として論じた（Spence, 1973）。質の高いサービスを提供するエージェントは質の悪いサービスを提供するエージェントと自らを差別化できる（Picot, 1997, 丹沢・他訳, p.77）。

例えば，就職を希望する者（エージェント）は資格証明書や職務経歴書によって自分の職務能力の質をシグナリングとして会社側（プリンシパル）に示し，会社側（プリンシパル）は何らかの方法で就職希望者（エージェント）の以前の勤務時の上司や同僚から勤務情報をスクーリングすることにより，就職希望者の能力を確認する。

事例をみてみると，日本板硝子は英国ピルキントン社を買収時，国内企業であったので，当然，グローバル企業経営のノウハウや人材を有していなかった。驚くことに，グローバルな企業経験や視点を持つ日本人経営者が社内にいないという理由から，買収したピルキントン社の外国人社長，スチュアート・チェンバースを，2007年10月には代表取締役・副社長執行役員兼COOとして，

図表4−11　日本板硝子の短期的成長戦略と急速な海外市場への展開

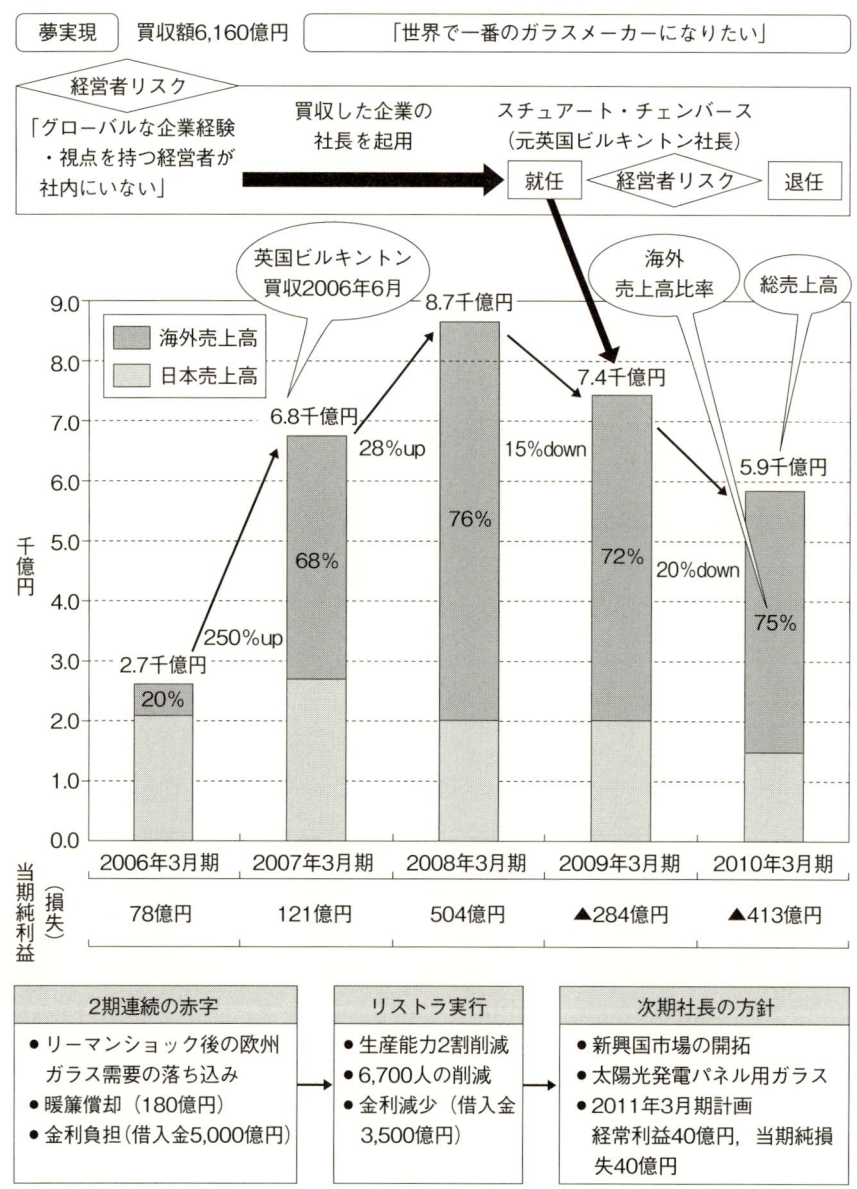

| 夢実現 | 買収額6,160億円 | 「世界で一番のガラスメーカーになりたい」 |

経営者リスク
「グローバルな企業経験・視点を持つ経営者が社内にいない」

買収した企業の社長を起用 → スチュアート・チェンバース（元英国ビルキントン社長）就任　経営者リスク　退任

- 海外売上高比率
- 総売上高
- 英国ビルキントン買収2006年6月

決算期	2006年3月期	2007年3月期	2008年3月期	2009年3月期	2010年3月期
総売上高	2.7千億円	6.8千億円	8.7千億円	7.4千億円	5.9千億円
海外売上高比率	20%	68%	76%	72%	75%
当期純利益（損失）	78億円	121億円	504億円	▲284億円	▲413億円

250%up　28%up　15%down　20%down

海外売上高 / 日本売上高

2期連続の赤字
- リーマンショック後の欧州ガラス需要の落ち込み
- 暖簾償却（180億円）
- 金利負担（借入金5,000億円）

リストラ実行
- 生産能力2割削減
- 6,700人の削減
- 金利減少（借入金3,500億円）

次期社長の方針
- 新興国市場の開拓
- 太陽光発電パネル用ガラス
- 2011年3月期計画　経常利益40億円，当期純損失40億円

出所：日本板硝子（株）有価証券報告書（2006年3月期 - 2009年3月期）及び決算短信（2010年3月期）。

図表4−12 スズキの長期的成長戦略と段階的な海外市場への展開

鈴木修社長就任時 売上3千億円のスズキを30年後に3兆円企業にした

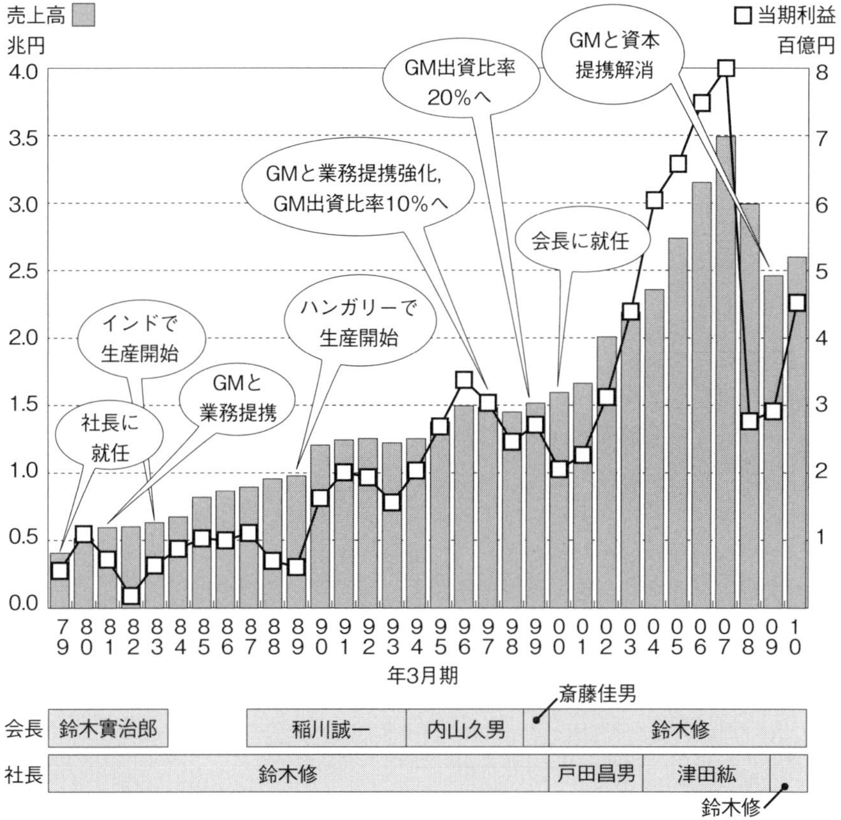
売上高
兆円
□当期利益
百億円
4.0
3.5
3.0
2.5
2.0
1.5
1.0
0.5
0.0
8
7
6
5
4
3
2
1
社長に就任
インドで生産開始
GMと業務提携
ハンガリーで生産開始
GMと業務提携強化，GM出資比率10%へ
GM出資比率20%へ
会長に就任
GMと資本提携解消
79 80 81 82 83 84 85 86 87 88 89 90 91 92 93 94 95 96 97 98 99 00 01 02 03 04 05 06 07 08 09 10
年3月期
会長
鈴木實治郎
稲川誠一
内山久男
斎藤佳男
鈴木修
社長
鈴木修
戸田昌男
津田紘
鈴木修

<u>2009年3月期の状況</u>
製造拠点 23カ国，販売地域 150カ国，従業員数 50,613人

多国籍企業インデックス：59.6%（2009年3月期）
海外売上高比率：67.9% 海外従業員比率：71.8% 海外資産比率：39.2%

VW・スズキ包括提携
研究開発投資（年額）：スズキはVWの技術を要す（VW 8千億円，スズキ 1千億円）
EC燃費規制（'15年）：VWは小型車販売を要す

出所：スズキの会社概況2009や有価証券報告書等を参考に作成。

2008年6月には，取締役・代表執行役社長兼CEOとして，グローバル企業経営を委ねている。また，日本板硝子はスチュワート・チェンバースが2009年6月に辞任後，指名委員会が日本を含む世界中から社長候補を探し，次の社長候補として，米国化学大手デュポン社の元上席副社長であったクレイグ・ネイラーを選ぶのに1年を要した。日本板硝子は，買収で短期間によりグローバル化を果たしたが，会社の舵を執るトップマネジメント人材の不在リスクに悩まされた。

これに対して，スズキは，のちに社長になる鈴木修氏が元は銀行員だったが，2代目社長の娘婿として1958年スズキに入社。1978年の社長就任以来30年にわたり黒字経営を仕切る。インド進出の立役者である。2000年会長に就任したが，津田前社長の病気退任に伴い2008年末より社長を兼務，金融危機後の社内を引き締める。2009年には独VWと包括提携を発表した。長期的成長戦略と段階的な海外市場展開で成功を収めている。しかし，後継者として予定した娘婿の小野取締役が病気でなくなったため，現在80歳の鈴木社長の後継者問題については，鈴木社長のワンマン経営から経営幹部による合議制への移行を計画し，人材育成に努めている（鈴木，2009, pp.241-242）。ここには，後継者リスクが存在する。

グローバルな組織を束ねる国際経験や製造・開発・販売の専門知識を持つトップマネジメントを担う経営者を探すのは容易ではない。スイスの研究機関IMDの調査では，日本の経営者層の国際経験の深さランキングでは57国中，52位となっている。

では，どのような経営者の適性条件に基づき経営者候補を探すのか？

ルノーのカルロス・ゴーンが1999年に日産の社長を引き受けるときに，グローバル企業の経営者の適性条件として上げたものは，「①多文化環境でのマネジメントの経験，②成果主義マネジメント志向，③直面する問題分析と説明能力，④問題解決に部門横断的アプローチがとれること，⑤自分の下した決断に進んで責任を持つこと，⑥長期的目標を視野に入れつつ短期的目標に照準を絞ること，⑦危機を脱した状況でも組織に緊張感を維持できること，⑧ユーモアのセンスがあること」である（亀井，2004, p.245）。つまり，多文化環境での企業危機管理ができる経営者である。

第4章　グローバル企業のガバナンス・リスクマネジメント

　伊丹は望まれる経営者のタイプを3つ挙げる。①大組織経験者で、若く斬新なアイデアとエネルギーのあるタイプ、②既存の企業組織の隙間を埋め、あるいは企業同士をつなぎ合わせて、新しい事業を興していくようなネットワーク企業家タイプ、③高度に多角化し、且つグローバル化した大組織の経営をできるタイプである。さらに、経営者の基本的な個人的資質として3つ挙げている。①戦略眼（大きな方向を決める）、②世界観（世界地図の中でものを考える）、③組織観（人間の組織の動きに深い洞察もつ）である（伊丹，2005，pp.377-379）。

　亀井はリスクマネジメントの視点から経営者の適性条件について次のように述べている。ビジネス・リスクマネジメントにおいては、企業組織がリスクに直面したときに、いかなるリスク処理手段を選択するかという経営者の意思決定が最も重要であり、その優劣を分けるのが、意思決定のリーダーシップとリスク感性である。リスク感性とは、将来のリスク動向を把握する能力であり、豊富な実務経験に基づいた意思決定者のリスクに対する直感である。この意味で、リスク感性豊かなリーダーシップを持つ経営者が求められる（亀井，2009，p.73）。

　上記の経営者の適性条件に関する意見を要約すると、それぞれ、①多文化環境での企業危機管理ができる経営者、②ネットワークを作り、複雑な大組織を経営できる人で、世界地図の上で自分でものを考えて、政策の決断ができる経営者、③リスク感性豊かなリーダーシップを持つ経営者である。共通項をまとめると、「グローバルな多文化リスク環境の中で、リスク感性豊かなリーダーシップを持ち、政策の決断ができる経営者」となる。

　ここで、再度、事例に戻ってみる。日本板硝子では、スチュアート・チェンバースが経営陣として参画した後、2007年3月期決算の事業成績は、前年比売上高250％アップで6,800億円、当期純利益は121億円、海外売上高比率は68％となる。さらに、2008年3月期決算の事業成績は、前年比売上高28％アップで8,700億円、当期純利益は504億円、海外売上高比率は76％となり、買収前の2008年3月期決算の事業成績と比較すると、売上高は3.2倍、当期純利益は6.5倍となった。ところが、2008年後半のリーマンショック後の欧州ガラス需要の落ち込みに加えて、買収による暖簾償却（180億円）や金利負担（借入金5,000億円）により、2009年3月期決算には売上高は前年比15％落ち込み、

7,400億円となり，当期純損失284億円を計上して赤字に転落した。スチュアート・チェンバース社長はリストラを敢行し，従業員を6,700人削減し，生産能力を2割落として対応，さらに借入金を5,000億円から3,500億円に圧縮して金利負担を減少させ，年間100億円以上のコスト削減をはかった。しかし，2009年6月には単身就任生活が2年間続き，16歳の長男が見知らぬ他人になると懸念を表明し辞任を決意した。

　スチュアート・チェンバースの日本板硝子でのこの実績をみるに，リーマンショック前の急速な統合リスク対応とリーマンショック後のリストラ・リスク対応は，プロのグローバル企業経営者の手腕を示したといえよう。しかし，短期間で辞任した理由が個人的な家族問題であった。彼には，仕事以外の企業文化内での何らかのジレンマがあったのかもしれないが，代わりになる経営者が短期的には養成または確保できなかったという意味で，日本板硝子にとっては経営者リスクが発生したといえる。

　これに対して，スズキの鈴木社長は，1981年GMと業務提携，1983年インドで生産開始，1990年ハンガリーで生産開始，1998年GMと業務提携強化，GM出資比率を10%へ引き上げ，2000年に会長に就任，GMへの出資比率を20%へ引き上げ，2006年GMの保有株式を17%買い取り，出資比率を3%へ，2008年GMの保有株式を3%買い取り，資本提携解消，2009年独VWと包括提携，といった手腕を発揮してきた（鈴木，2009，pp.274-278）。

　1998年にGMと業務提携し，GMがスズキの株式5.3%を取得した際に，「スズキは，GMに飲み込まれてしまうのではないか」と記者会見で聞かれたが，「GMは鯨でスズキは蚊，いざというときに，飲み込まれずに空高く舞い上がり飛んでゆく」と答えている（鈴木，2009，pp.144-146）。スズキはGMとの提携を通じて，北米市場への進出と技術指導を得て，共同開発により「クルマ作り」を学んだ。2009年には，独VWと包括提携。独VWの研究開発費は年間8,000億円で，ガソリンエンジンの燃費向上技術は世界トップレベル，さらに，燃料電池，ハイブリッド，電気自動車，プラグイン・ハイブリッド等の次世代技術は全方位で持っている。スズキの研究開発費は年間1,000億円で，技術面で大手競業会社に比べて弱い。スズキはこの独VWとの提携で自動車業界の厳しい競争の中で生き残りをねらう。

　スズキの鈴木社長は，「グローバルな多文化リスク環境の中で，リスク感性

豊かなリーダーシップを持ち，政策の決断ができる経営者」といえるだろう。これは30年かけて海外に進出しながら段階的に3兆円規模のグローバル企業に成長させた実績が物語る。特に，GMとの業務提携や独VWとの包括提携の政策決断は，スズキ社長が「リスク感性豊かなリーダーシップ」を持つ経営者であることを示したものといえる。グローバル企業の経営者の適正条件として，「リスク感性豊かなリーダーシップ」は極めて重要である。

5-4. 企業統治システムの構築

　代理人（エージェント）である経営者を監視し規律を与えるために，どのような統治機構システムを構築すべきか？

　藤田は過去の会社法学に影響を与えた経済学の文献について，バーリとミーンズ（Berle and Means, 1932）の「所有と経営の分離」，コース（Coase, 1937）の「企業の本質」，ジェンセンとメックリング（Jensen and Meckling, 1976）の「エージェンシー理論」に関する米国の法律雑誌における引用の頻度のデータについて述べている。1970年代までは，引用頻度は圧倒的にバーリとミーンズが多かったが，1980年代にはコース及びジェンセンとメックリングの引用回数が爆発的に増え，特に，ジェンセンとメックリングはバーリとミーンズを追い抜いた。その傾向は1990年代に入っても変わらない。この引用回数の変化はエージェンシー理論と密接に関係する契約的企業観が1970年代以降の会社法の「法と経済学」のパラダイムを決定的に規定したことによる（藤田，2005，pp.45-48）。

　グローバル企業におけるコーポレート・ガバナンス（企業統治）問題には，株主と経営者，ステークホルダーと経営者，取締役会と執行役員会，親会社と海外子会社などの間において，法的または非法的な委任関係がある。そして，エージェンシー理論を用いて，委任関係を依頼人であるプリンシパルと代理人であるエージェントからなるエージェンシー関係として分析されることが多い。そこでは，プリンシパルとエージェントの利害は必ずしも一致せず，両者の情報も非対称的であると仮定される。このような状況では，エージェントはプリンシパルの不備に付け込んで悪徳的に自己利害を追求するリスクの可能性

が発生する。このような不道徳で非効率な現象として、モラル・ハザード現象や逆選択現象が発生する（菊澤，2004，P.163）。モラル・ハザードの防止策として、最も有効な方策はエージェント間の競争圧力である。すなわち、人為的なインセンティブを与えるシステムと行動を監視するモニタリング・システムの構築である（伊藤，2004，p.134）。例えば、プリンシパルである株主がエージェントである経営者をモニタリングするために取締役会や委員会設置会社の3委員会を設置するのに必要なコストはモニタリング・コストである。

　グローバル企業のコーポレート・ガバナンスの統治機構システムを構築する場合は、制定法である会社法のように裁判所でその履行が強制される諸規範である制度・規制（ハードロー）だけではなく、裁判所でその履行が強制されない倫理や社会規範である企業内の取り組み（ソフトロー）を考慮する必要がある。

　所有と経営の分離や経営の監督機能と執行機能の分離の問題は、会社法の役割である制度・規制（ハードロー）の法的標準方式の機能を利用して解決が図られる。しかし、同じ法的標準方式の機能を利用するにしても、実際にはステークホルダーの要請や企業戦略・方針などの企業の状況により、許される法的枠内での自由裁量が経営者に与えられ、企業規範としての企業内の取り組み（ソフトロー）が企業内部に構築され運営されることになる。執行機能の本社機能と海外子会社の委任関係については専門化と同時に、潜在する企業統治リスクも多様化し、その対応も複雑化してくる。そこには、企業独自の企業内の取り組み（ソフトロー）としての企業規範が必要になる。

　事例の会社の統治機構システムをみると、日本板硝子は制度・規制（ハードロー）の法的標準方式の機能を利用して、2008年6月に委員会設置会社に移行した。日本板硝子の2009年3月期の株主構成は金融機関41％、外国人31％、個人21％である。所有と経営の分離に加えて、会社の機関について機構改革を行い、取締役設置会社として委員会設置会社となり、取締役会12人のうち社外取締役4人を選任した。経営は監督機能と執行機能に分離して執行役員制度を導入した。執行役員会は、代表執行役社長兼CEOにスチュワート・チェンバース、そして、他の執行役員の4人の内3人が英国ピルキントン社の出身である。買収前の日本人の経営陣が取締役会を管理して監督機能を担当し、ピルキントン社出身の外国人が執行役会を管理して執行機能を担当するハイブリッ

ド・システムになっている。

　これに対して，スズキでは会社の機関の選択が日本板硝子と異なる。制度・規制（ハードロー）の選択は，取締役設置会社だが委員会設置会社に移行せず，監査役設置会社のままで，取締役会に社外取締役を置かない。しかし，機動的な会社運営・業務のスピードアップと責任体制の明確化を図るため，取締役の数を少なくするとともに，専務役員・常務役員制度を導入している。取締役会長（社長を兼任）以外の取締役全員が，業務執行の中心となる専務役員を兼務し，本部・その他機能別組織の本部長に就くことにより，現場の情報を取締役会に上げて現場に直結した意思決定ができるようにしている。

　日本のコーポレート・ガバナンスには制度・規制（ハードロー）としての会社法上，監査役設置会社と委員会設置会社の2制度が存在し，日本板硝子は委員会設置会社を選択し，スズキは監査役設置会社を選択し運用している。委員会設置会社とは，指名委員会，監査委員会及び報酬委員会を置く株式会社であり，取締役会の監督機能を強化する目的で，社外取締役が過半数をしめる3つの委員会及び業務執行機関である執行役を必ず置かなければならない（近藤，2009，p.271）。しかし，日本取締役協会の委員会設置会社リストをみると，2010年7月28日現在における東京証券取引所の上場企業約2,300社のうち，62社が委員会設置会社で極めて少ない。ちなみに，委員会設置会社が法制化された2003年以降の委員会設置会社の数の推移をみると，2003年44社，2004年59社，2005年67社，2006年70社，2007年70社，2008年71社，2009年71社，2010年62社である。委員会設置会社は企業の不祥事が続く中，制度・規制（ハードロー）として，経営者への監視機能の強化を目的に導入されたが，委員会設置会社が増えない理由として，3つの委員会を置くとコストがかかること，監査役会設置会社でも社外取締役を置けば監視機能が高まること，会社法制定後は剰余金配当が監査役会設置会社でも要件を満たせば可能になったことが指摘されている。

　スズキの監査役会には監査役5名のうち3名を社外監査役とし，監査機能の強化に努めている。なお，社外監査役のうち，1名を東京証券取引所の定めに基づく独立役員として，同取引所に届け出ている。また，内部監査部門及び関係会社を監査する部門を設置しており，会計監査人の監査と併せて，違法性，内部統制面，経営効率面の視点から三様の監査を行い，かつ，常に情報の交換

を行うことで相互の連携を高めている。コンプライアンス（企業倫理）体制については，取締役及び従業員等が法令・社会規範・社内規則を遵守し公正かつ誠実に行動するための「スズキ企業倫理規程」を定め，その中で「行動基準」を明示するとともに，「企業倫理委員会」を設置し，企業倫理講習会を実施する等，コンプライアンスの徹底を図っている。また，2006年5月に，会社法に基づき内部統制システム構築の基本方針を決議しており，さらに内部統制システムの整備・構築に努めている。

日本の監査役設置会社と委員会設置会社は制度上の差はあるが，スズキの例のように監査役会の監視機能を強化している場合，両制度の運用上，実質的に差は生じていないとの検討報告がある。しかし，監査役設置会社における監査役会の監視機能の強化の状況は会社の業容・業態，経営者の考え方や会社の方針により異なる現状があると思われる。監査役設置会社に比較して，制度上，委員会設置会社は戦略的意思決定・監査機能と業務執行機能を明確に分離することによって，専門化によるメリットが得られる仕組みになっている（菊澤，2004，p.139）。

カルロス・ゴーンが経営者の適正条件の1つに「自分の下した決断に進んで責任を持つこと」をあげていたが，これには，取締役の経営判断についての経営者の責任として，株主代表訴訟のような制度・規制（ハードロー）上の責任を課される問題とともに，ステークホルダーの利益に合致するように持続的成長のために企業価値の創造のコミットメント（約束）を果たすことも含まれる。

スズキは，取締役会の意思決定をたて割りの弊害なく全社に素早く推進させるために，部門横断的な課題の抽出・対応の促進を行う部門を設置している。なお，従来より，取締役の経営責任を明確にし，かつ経営環境の変化に柔軟に対応できるよう，取締役の任期を1年としている。このためスズキは「5分で取締役会で重要な決議事項を決断できる」として，トップダウン方式により監督機能と執行機能の両機能を取締役会で行っている（鈴木，2009，pp.157-158）。

スズキの場合は，取締役設置会社だが委員会設置会社に移行せず，監査役設置会社のままで，取締役会に社外取締役を置かないケースである。しかし，制定法である制度・規制（ハードロー）内での選択，そして独自の企業内での取り組み（ソフトロー）の構築と運用における企業統治リスクのマネジメントに

求められる方向性として，①経営の透明性の向上，②効率性の向上，③国際標準化を踏まえること，④社会性の配慮が必要であること（上田，2002, p.24）を考えると，監査役設置会社においては，経営の透明性の向上の点について，問題が残る。監査役設置会社と委員会設置会社は制度上の差はあるが，スズキの例のように監査役会の監視機能を強化している会社は，経営の透明性の不十分性を補っていると考えられる。

ステークホルダーへの経営者の責任を明確にして，経営者への監視機能を高めるためには，今後，統治機構システムとしては，トップダウン方式と，戦略的意思決定・監査機能と業務執行機能を明確に分離することによって，専門化によるメリットが得られる上に，経営の透明性において，監査役設置会社に勝る委員会設置会社が重要となるであろう。

5-5. 企業の多文化統治

地球的規模の企業組織の多文化統治をいかに行うべきか？

世界の国々の文化は，ある１つの文化に集約することなく多様性を保ちつつ，相互に影響しあいながら変化し続けるので，グローバル企業の経営者は，各国の異文化に配慮しながら，経営文化の多様性の影響に対応して多文化リスクの発生を最小化する必要がある。上田は企業価値の最適化を図るためには，効果的なリスクマネジメントに関する意思決定を可能にする最適なリスク文化や企業文化が企業内に存在しなければならないとしている（上田，2006, p.93）。

伊丹はグローバル企業の組織の中での文化摩擦は，２つの次元で発生すると指摘する（伊丹，2004, pp.202-207）。１つは，経営スタイルの摩擦，もう１つは，支配と所属の感覚から生まれる摩擦である。経営スタイルの摩擦は，協働のために集まる異なった国の人々の間での理解とコミュニケーションが，自分たちが常識と考える行動様式や伝達・判断の様式がそれぞれに違うためにスムーズにいかなくなる，という摩擦である。支配と所属の感覚から生まれる摩擦とは，企業の世界的な統合に参加する人々が，どの共同体に属し，誰に「支配されている」という感覚を持つのか，という問題である。伊丹は，企業内文化摩擦の解決の鍵は，企業の世界組織が１つの共同体であるという意識を，情報

の共有により，各国に散らばったそのメンバーが持つことにあるとしている（伊丹，2004, pp.212-220）。

　グローバル企業のリスク発生の背景要因の重要なものとして，多くの異なる国の言語・習慣・民族性・歴史からなる多様な経営文化環境がある。多国籍企業における各国の文化と経営組織の関係について，国際比較調査研究としては，ホーフステドの「経営文化の国際比較（Culture's Consequences）」,がある（Hofstede, 1984）。ホーフステドの調査研究はIBM社の世界40ヵ国の11万人の従業員を対象にしたものである。経営文化の国際比較を行うために，組織に関連する4つ経営文化価値の測定次元（権力格差,不確実性の回避,個人主義,男性化）と40ヵ国の7つの地理学的・経済学的諸指標（富＝国民1人当たりのGNP，経済成長率＝国民1人当たりGNPの10年間の平均成長率，首都の緯度，人口規模，人口成長率，人口密度，経営規模）との関係を解明した（Hofstede, 1984, 萬成・他訳, p.64）。ホーフステドは，40ヵ国の国民文化の差異と経営組織との関係の調査研究を通じて，「組織は文化に拘束されている」と認知した。多文化組織の管理として，組織そのものの中心文化を作ること，文化の違いを適切に処理できるように国際本部の組織を編成し，人材を配置し，報酬を与えることをあげている。また，異文化間の協力を生産的にする訓練の必要性を述べている（Hofstede, 1984, 萬成・他訳, pp.368-376）。

　文化的差異が経営に与える影響に関する調査研究としては，トロンペナールス他の『異文化の波（Riding the Waves of Culture)』がある（Trompenaars and Hampden-Turner, 1997）。文化測定の3つの視点，すなわち，人間関係から発生する問題，時間経過から発生する問題，環境に関係する問題から文化的差異を検討している。そして文化の基礎的な価値判断の7つの次元を確認している。そのうちの5つは，人間関係から発生する問題に属するものである。7つの文化の価値判断の次元は，（人間関係）①「普遍主義」対「個別主義」，②「個人主義」対「共同体主義」，③「感情中立的」対「感情表出的」，④「関与特定的」対「関与拡散的」，⑤「達成型地位」対「属性型地位」，（時間経過）⑥「時間に対する態度」，（環境）⑦「環境に対する態度」である（Trompenaars and Hampden-Turner, 1997, 須貝訳, pp.1-19）。この7つの文化の価値判断の次元は文化的差異を示すばかりではなく，経営上の優先事項となる見解や価値観を分析し，ジレンマ（人が良好で望ましい2つの選択肢の中からいずれかを

選択しなければならない状況）となる事柄を解決する方法を提供するとしている。すなわち、「文化的差異を認知し、尊重し、折り合いをつけるための実践的な異文化間のビジネス戦略」を提案している（Trompenaars and Woolliams. 2003, 古屋訳, pp.24-25）。

多文化統治システムにより企業統治リスクを低減する方策として、日産のCEOのカルロス・ゴーンがミシュラン・ブラジル時代に異なる文化の融合問題について、「クロス・ファンクショナリティ」というコンセプトによる組織化を図った例がある。具体的には、異なる文化を持つ国からクロス・カルチュラル（異文化間協働的）な人材構成によるクロス・カンパニー・チーム（CCT）と各職能からクロス・ファンクショナル（異部門間協業的）な人材構成によるクロス・ファンクショナル・チーム（CFT）が組織され、複数の視点から自社の直面している問題について検討・分析を行った。この結果、問題解決案が発案・遂行され、経営改善へと繋がっていったとされている（亀井、2004, p.238）。

上記の多文化統治ついての意見をまとめて要約する。グローバル企業の組織の中での文化摩擦リスクを低減するためには、まず、文化的差異を認知し、尊重し、折り合いをつける必要がある。そして、企業の世界組織が1つの共同体であるという意識を、情報の共有により、各国に散らばったそのメンバーが持つことによって、最適なリスク文化や企業文化を企業内に形成することができる。具体的には、多文化リスク対応の方策として、異文化間・異部門間協業システムを構築し実践することは有効である。

日本板硝子は、2009年3月31日現在、海外で働く従業員の割合は80％で、従業員の地域別構成は、欧州45％、日本18％、北米13％、中国8％、南米8％、フィリピン4％、その他アジア4％である。

2006年6月にビルキントン社を買収したことで事業が著しく海外に展開し、社会的責任の範囲が広がった。このため、経営理念をグローバルな視点で見直し2006年7月に新しい経営理念として「事業は人なり」を掲げ、全世界のグループ従業員に共通メッセージとして配信した。具体的には、信用と相互尊重、誠実な行動とプロ意識、協力一致と相互支援、オープンなコミュニケーション、進取の精神と創意工夫、情熱と不屈の精神、自己責任と社会的貢献の理念を仕事の基本として実践するとしている。この理念は、企業の世界組織が人を中心とした1つの共同体であるという意識を各国に散らばったそのメンバー

が持つことによって，新たな企業文化を企業内に形成することを目的としたものである。「事業は人なり」の経営理念が企業の世界組織内に育ってきているかをみるために，仕事・職場に対する満足度を従業員に評価してもらう「従業員意識調査」を2年に1回実施している。英国ピルキントン社を子会社化して以来初めてとなる世界規模での調査である。調査結果は概ね良好で，モチベーションや満足度について約70％の従業員から「良い」または「改善した」という回答を得ている。

また，各従業員の職務遂行基準を全世界的に高めることを目的とした人材教育，研修プログラムを実施。グループの共通言語は英語だが，できるだけ多くの従業員に参加してもらい最大の成果を上げるために，研修プログラムは各地域の言語でも提供している。言語差異のような文化摩擦リスクを低減するために，文化的差異としての言語の違いを認知し，尊重し，グループの共通言語にとらわれず，折り合いをつけることは必要である。

これに対して，スズキの2009年3月期の地域別売上比率は，日本39％，欧州18％，アジア31％，北米5％，その他7％で，主な販売先は，アジア地域では，インド，インドネシア，中国，欧州地域では，ハンガリー，英国，ドイツである。スズキはインドで40％，パキスタンで46％の販売シェアを持つ。スズキの海外事業はインドやハンガリーが大きな比重を占めているので，欧州が半分近い比重を占める日本板硝子とは，多文化環境の状況はだいぶ異なるかもしれない。

スズキは1982年にインドに進出し，2009年には生産台数が100万台を超えた。当初インドの工場内ではカースト制度による差別問題があった。具体的には，ほかのカーストの社員と食堂は一緒にするな，とか，掃除は下層のカーストのやることだ，とか，他のカーストと同じ作業服は着ない，ターバンを着用するからヘルメットをかぶらない，休日や労働時間に差をつけろ，などと幹部は主張していた。これに対して，鈴木社長は，工場を出てカースト差別をするのは勝手だが，生産現場では，生産性が落ちるから，カースト差別は絶対に許さないとの方針を通した（松戸，2010，pp.91-96）。経営管理上の生産性の観点から，組織運営の原則の中には利益を生み出す方法とロスを生み出す方法があるが，カースト制度による差別問題は，インド社会に固有の問題であり，インド社会の中にあっては一企業だけでは変革できない問題である。しかし，これはロスを生みだすので解決の必要な問題であった。工場内はインド社会ではないので，

スズキの企業文化が支配できる次元を創造することにより，異文化リスクに対応することができたのである。さらに，インド人の日本での無償研修制度や技術移転のために日本人の現場管理者をインドに派遣することを通じて，異文化交流を行った。

　グローバル企業の組織の中での文化摩擦リスクを低減することは重要である。日本板硝子では，経営理念として「事業は人なり」を掲げ，全世界のグループ従業員に共通メッセージとして配信した。スズキは，異文化社会においても企業価値を向上させることができる企業文化の移植に努めながら，社員の異文化交流を研修やOJTを通じて行った。両社とも，企業の世界組織が1つの共同体であるという意識を，情報の共有により，各国に散らばったそのメンバーが持つことによって，最適なリスク文化や企業文化を企業内に形成することに努めた。多文化リスク対応の方向として，異文化間・異部門間協業システムを構築し実践することは重要である。

6 結びにかえて
　－ガバナンス・リスクマネジメントのフレームワーク－

　これまでの考察に基づいて，図表4－13に，グローバル企業のコーポレート・ガバナンスに関するリスクマネジメントの方向性を，フレームワークとして示す。グローバル企業への発展段階は，大規模化，国際化，多国籍化，グローバル化と進化し，市場は，国内市場，外国市場，多国市場，世界市場へと広がり，事業展開は，国内販売，輸出・輸入，対外直接投資，多国籍展開，地球の規模展開と発展してゆく。一方，ステークホルダーも，国内市場での顧客，株主，債権者，従業員，地域社会，政府から国際社会へと広がり，多数で多様な利害を持つ関係者とかかわるようになる。そこでは，企業の社会的責任として，経済的責任，法的責任，倫理的責任，社会貢献責任が問われる。また，事業活動の発展展開に応じて，企業価値も株主価値ばかりでなく，経済価値や社会価値が求められてくる。

　企業は世界市場において地球的規模で展開し，社会的責任を果たしながら，持続的成長の源泉となる企業価値を創造してゆく中で多様なビジネス・リスク

に直面する。ビジネス・リスクの主なものには，戦略リスク，オペレーショナルリスク，金融リスク，災害リスクがある（上田，2009a，p.14）。

　ビジネス・リスク環境の中で，ステークホルダーのために企業の持続的成長の源泉となる企業価値をどのようにして経営者に追及させるか（企業経営者への規律付け）の問題，つまり，経営者へのコーポレート・ガバナンス（企業統治）の要請とリスク対応が必要になる。具体的には，経営者の適正条件，企業統治システム構築，企業の多文化統治の問題である。これらの問題は，企業統治リスクの発生要因であり，対応が不十分だと経営者リスク，統治機構リスク，多文化統治リスクが発生する。

　したがって，企業統治リスクを予防・低減する企業統治リスクマネジメントが必要になる。企業統治リスクマネジメントとしての方向性は，①経営者リスク対応には，経営者の適正条件として，リスク感性の豊かなリーダーシップを持つ経営者が経営の任にあたること，②統治機構リスク対応には，当該企業に適した企業統治システム構築と運用のために，トップダウン方式や委員会設置会社の選択と構築，③多文化統治リスク対応には，企業組織の多文化統治を可能にする異文化間協働・異部門間協働システムの構築・運用が考えられる。

　グローバル企業は，制度・規制であるハードローに対する法的対応と同時に，自らの経営体としての仕組み作りのソフトローの面からも，特に，証明業務（監査）によって担保された財務情報の開示のためにも，企業グループ内でのガバナンス問題へのリスクマネジメントが重要な課題となっている。そこには，グローバル企業のガバナンスに対するリスクマネジメントのフレームワークが必要になる。グローバル化（企業の発展段階），世界市場（市場），及び地球的規模展開（事業展開）の中で，利害関係者，企業の社会的責任，企業価値，及びビジネス・リスクが増加していく。グローバル企業の経営者のガバナンス，すなわち，企業統治責任の要請は，企業統治リスクの増加する中でますます大きなものとなり，企業の状況に応じたガバナンスの構築と運用が将来の事業の成否に大きく影響してきている。

図表4-13　グローバル企業のガバナンスとリスクマネジメントの方向性

企業の発展段階	大規模化	国際化	多国籍化	グローバル化
市場	国内市場	外国市場	多国市場	世界市場
事業展開	国内販売	輸入・輸出	対外直接投資 / 多国籍展開	地球的規模展開
利害関係者	顧客・株主・債権者・従業員・地域社会・政府・国際社会 → 増加			

企業の社会的責任（増加）：社会貢献責任／倫理的責任／法的責任／経済的責任

企業価値（増加）：社会価値／経済価値／株主価値

ビジネス・リスク（増加）：戦略リスク／オペレーショナルリスク／金融リスク／災害リスク

経営者へ企業統治責任の要請	→	企業統治リスクの発生	→	企業統治リスクマネジメント
経営者の適正条件	→	経営者リスク	→	リスク感性の豊かなリーダーシップ
企業統治システム構築	→	統治機構リスク	→	トップダウン方式と委員会設置会社
企業の多文化統治	→	多文化統治リスク	→	異文化間・異部門間協働システム

[参考文献]

American Bankers Association (2009) *The Current Pace and Direction of Accounting Standard Setting.*

Basel Committee, The (2010) *Basel III : Rules Text and Results of the Quantitative Impact Study,* 16 December 2010.

Berle, A.A. and G.C. Means (1932) *The Modern Corporation and Private Property,* Macmillan.

Carroll, A.B. and A.K. Buchholtz (2006) *Business and Society,* South Western.

Coase, R. H. (1937) "The Nature of the Firm," *Economica,* Vol. 4.

Daelen, M. and C. Elst (2010) *Risk Management and Corporate Governance*, Edward Elgar.

Dodd-Frank Act (The Dodd-Frank Wall Street Reform and Consumer Protection Act), July 21, 2010.

Doupnik, T. and H. Perera (2008) *International Accounting*, McGraw-Hill.

Financial Stability Board (2009) "FSF Principles for Sound Compensation Practices," *Financial Stability Forum*, April 2, 2009.

Fusaro, P. C. and R. M. Miller (2002) *What Went Wrong at Enron*, wiley. (橋本碩也訳 (2002)『エンロン崩壊の真実』税務経理協会)

Ghosn, C. and P. Riès (2003) *Citoyen du Monde*, L'Agence France-Presse. (高野優訳 (2003)『カルロス・ゴーン経営を語る』日本経済新聞社)

Hofstede, G. (1984) *Culture's Consequences: International Differences in Work-Related Values*, Sage Publications. (萬成博・安藤文四郎監訳 (1984)『経営文化の国際比較―多国籍企業の中の国民性―』産業能率大学出版部)

IASB (2010) *The Conceptual Frameworks for Financial Reporting 2010*, IASB.

IASB (2011) *International Financial Reporting Standards No.13 : Fair Value Measurement*, IASB.

ISO (2009) *Risk Management - Principles and Guidelines, ISO 31000*. (財団法人日本規格協会訳 (2009)『リスクマネジメント―原則及び指針, ISO 31000』)

Jensen, M. and W. Meckling (1976) "Theory of the Firm: Managerial Behavior, Agency Costs and Ownership Structure," *Journal of Financial Economics*, Vol. 3, pp.305-306.

Nobes, C. and R. Parker (2010) *Comparative International Accounting*, Prentice Hall.

Picot, A., H. Dietl and E. Frank (1997) *Organisation*, Schäffer-Poeschel. (丹沢安治他訳 (2007)『新制度派経済学による組織入門―市場・組織・組織間関係へのアプローチ―』白桃書房)

Raynor, M. E. (2007) *The strategy Paradox*, Currency Doubleday. (マイケル・E・レイナー, 松下芳生他監訳 (2008)『戦略のパラドックス』翔泳社)

Spense, A. M. (1973) "Job Market Signaling," *Quarterly Journal of Economics*, Vol. LXXXVII, pp.355-374.

Timmons, J. A. and S. Sponelli, Jr. (2003) *New Venture Creation*, McGrraw-Hill.

Trompenaars, F. and C. Hampden-Turner (1997) *Riding the Waves of Culture: Understanding Cultural Diversity in Global Business*, Nicholas Brealey. (須貝栄訳 (2001)『異文化の波―グローバル社会：多様性の理解―』白桃書房)

Trompenaars, F. and P. Woollliams (2003) *Business Across Cultures*, Capstone Publishing. (古屋紀人訳 (2005)『異文化間のビジネス戦略―多様性のビジネスマネジメント―』白桃書房)

United Nations (1973) *Multinational Corporations in World Development*.

United Nations (2002) *World Investment Report 2001*.

United Nations (2010) *World Investment Report 2009*.

U.S. Department of Treasury (2009) *Statement by Treasury Secretary Tim Geithner on Compensation*, Press Center, June 10, 2009.

IBMビジネスコンサルティングサービス（2005）『企業改革法が変える内部統制プロセス』日経BP出版センター。
安藤英義編（1996）『会計フレームワークと会計基準』中央経済社。
安藤英義（1997）『新版 商法会計制度論』白桃書房。
安藤英義（2001）『簿記会計の研究』中央経済社。
池田唯一（2007）『（総合解説）内部統制報告制度』税務研究会出版。
伊丹敬之（2004）『経営と国境』白桃書房。
伊丹敬之（2005）「トップ・マネジメントと企業の適応力」伊丹敬之他編著『リーディングス日本の企業システム第Ⅱ期第2巻企業とガバナンス』有斐閣。
伊藤和憲（2004）『グローバル管理会計』同文舘出版。
上田和勇（2002）「コーポレートガバナンスとリスクマネジメント（問題提起）」『危険と管理』日本リスクマネジメント学会，pp.21-25。
上田和勇（2006））「リスク文化と企業価値最適化のリスクマネジメント」『専修ビジネス・レビュー』Vol. 1, No.1, pp.93-101。
上田和勇（2007）『企業価値創造型リスクマネジメント―その概念と事例―（第4版）』白桃書房。
上田和勇（2009a）「企業倫理とリスクマネジメント―効果的倫理リスクマネジメントのあり方を中心に―」『危険と管理』日本リスクマネジメント学会，p.59。
上田和勇（2009b）「ビジネス・リスクマネジメントの進展」上田和勇編著『企業経営とリスクマネジメントの新潮流』白桃書房，pp.1-32。
大島春行・矢島敦視（2002）『アメリカがおかしくなっている　エンロンとワールドコム破綻の衝撃』ＮＨＫ出版。
奥村宏（2006）『粉飾資本主義』東洋経済新報社。
亀井克之（2004）「カルロス・ゴーン流企業危機管理の源流」『危険と管理』日本リスクマネジメント学会，pp.229-247。
亀井利明（2009）『ソーシャル・リスクマネジメントの背景』ソーシャル・リスクマネジメント学会。
亀井利明・亀井克之（2009）『リスクマネジメント総論』同文舘出版。
神田秀樹（2008）「企業の社会的責任をめぐる規範作成」中山信弘編著『ソフトローの基礎理論』有斐閣。
企業会計審議会（2007）「財務報告に係る内部統制の評価及び監査の基準並びに財務報告に係る内部統制の評価及び監査に関する実施基準の設定について（意見書）」。
菊澤研宗（2004））『比較コーポレート・ガバナンス論―組織の経済学アプローチ―』有斐閣。
金融庁／日本銀行（2010）「バーゼル委市中協議文書プロシクリカリティの抑制の概要」。
経済産業省企業行動課編（2007）『コーポレート・ガバナンスと内部統制』財団法人経済産業調査会。
近藤光男（2009）『最新株式会社法（第5版）』中央経済社。
櫻井通晴・伊藤和憲（2007）『企業価値創造の管理会計』同文舘出版。
新日本監査法人編（2007）『内部統制の実務Q&A』東洋経済新報社。
鈴木修（2009）『俺は，中小企業のおやじ』日本経済新聞出版社。

住友信託銀行証券代行部編（2010）「有価証券報告書における役員報酬開示の事例分析」『別冊商事法務』No.349．
高島貞男・草野真樹（2004）「公正価値概念の拡大―その狙いと弱み―」『大阪経大論集』第55巻，第2号．
田宮治雄（1999）『なぜ作る・何に使う　キャッシュ・フロー計算書』中央経済社．
田宮治雄（2000）『バランス・シートを理解する』中央経済社．
鳥羽至英（2007）『内部統制の理論と制度』国元書房．
日本工業標準調査会（2010）『JIS Q31000：2010 リスクマネジメント―原則及び指針―』日本規格協会．
萩茂生（2007）『証券化とＳＰＥ連結の会計処理（第3版）』中央経済社．
藤田友敬（2005）「企業の本質と法律学」伊丹敬之他編著『リーディングス日本の企業システム第Ⅱ期第2巻企業とガバナンス』有斐閣．
平成22年内閣府令第12号（2010）「企業内容等の開示に関する内閣府令等の一部を改正する内閣府令」（2010年3月31日に公布・施行）．
ベリングポイント（2007）『内部統制と経営強化』生産性出版．
松戸公介（2010）『鈴木修おやじの人間力』ぱる出版．
山浦久司（2008）『会計監査論（第4版）』中央経済社．

第5章 グローバル企業における経営戦略と経営者の意思決定

1 はじめに

　企業の経営戦略には他企業との統合・提携，あるいは新商品の販売・価格設定などの様々な戦略があると考えられる。これらの経営戦略の中には，当然ながらリーダーの判断によって決められる戦略も多く含まれている。

　こうした視点から考えると，各部門のリーダーの判断ミスは企業にとって致命的な打撃を受けるおそれのある戦略リスクの1つである。すなわちリーダーがどのような意思決定をするかが，企業の存続さえ危うくしかねない非常に重要なマネジメントになる。

　最終的に企業と社会がともに発展することを経営戦略活動の一環として位置付け，それらの活動を企業が全社的に共通の認識を持って行っているか否かが企業価値向上を成し遂げる上で重要なプロセスの1つであるとするのがリスクマネジメント（以下，RMとする）である。

　多くの企業は予測・予知できないリスクがもたらす損失を除去・軽減させて企業成長を遂げRMをしてきたのである。ただし，現代企業において生じるビジネス・リスクは，時間あるいは時代とともに常に変化している。グローバル化が進展していく中で，変化するビジネス・リスクとともに，それをマネジメントする責任者，すなわちRMの意思決定に携わる担当者も変わっていくことは当然である。

　こうしたRMの意思決定に関し，亀井利明関西大学名誉教授は，「各階層における的確な意思決定がRMの成功を左右し，企業の成長に影響を与えることになる」とその重要性について強調している。

グローバル企業では，当然ながら自国のみの場合と経営環境が様々な点で異なり，企業に損失を与えるビジネス・リスク[4]も国内企業に比べて，リスクの発生頻度や発生により生じる影響が大きい。

　今後，グローバル企業が真のグローバル企業へと発展していくためには，それらの企業戦略において何が重要であるのか，また組織のリーダーが何を実行するべきかなど，優先順位を明確に整理しなければならない。

　そこで，本章においては，こうした海外に拠点を移しながら事業活動を行っているグローバル企業にとって企業価値を高めるためのグローバル経営とは何か，という問題意識に基づいて，RMの視点から焦点を絞り，マネジメントの現地化の構築と，企業の持続的成長のためには，経営者の意思決定がいかに重要であるか，さらには，好ましいグローバル企業文化をいかに醸成するかなどにも考察範囲を広げ，これらと企業価値の向上とその関連性などについて検討する。

2 企業の経営戦略について

2-1．経営戦略の定義

　ここでは，企業における一般的な「戦略」の定義について簡略に説明する。企業における経営戦略とは，競争優位性を活用して定められた企業経営の目的を継続的に達成し得る整合的な施策群のまとまりである[5]。こうした経営戦略は企業において，まず，その目的が明確に示されなければならない。その後，経営戦略に対し，全社に共通した施策を明示し，それに関する具体的な内容も示す必要がある。企業活動をこうした視点から捉えると，企業価値を高めるためには経営戦略は不可欠である。

　企業の経営戦略には必ず，戦略にかかわるプロセスが存在している。それらの戦略プロセスはグローバル化が進展していく中で，企業価値向上の実現に有利な施策であると見なされて，各段階の意思決定やマネジメントの形で実行されている。そして，多くの企業では戦略を大きく3段階に分類している。

図表5-1　経営戦略の階層と戦略の施策

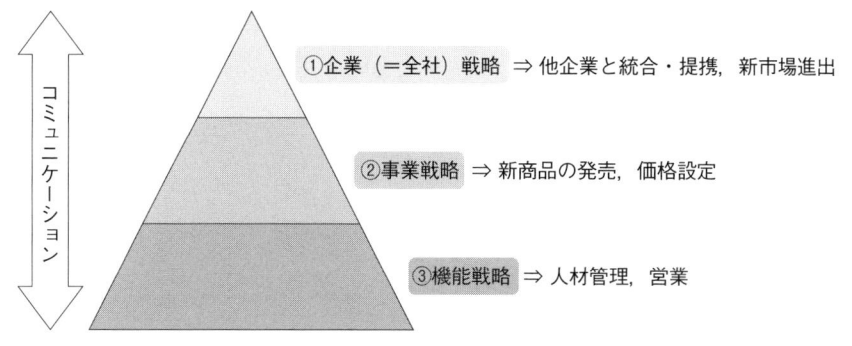

```
           ①企業（＝全社）戦略 ⇒ 他企業と統合・提携，新市場進出
コ
ミ
ュ
ニ         ②事業戦略 ⇒ 新商品の発売，価格設定
ケ
ー
シ
ョ         ③機能戦略 ⇒ 人材管理，営業
ン
```

出所：姜徳洙（2005）「企業における戦略リスクと経営者の意思決定」日本リスクマネジメント学会『危機と管理』第36号，p.132を参考にして作成。

　図表5-1は企業における戦略を大きく3階層に分類したものである。どの企業においても企業戦略の目標は企業価値の向上であり，それを最終的に成し遂げることである。

　企業が行っている戦略の中でも，企業のトップが意思決定を行う戦略がある。その例としてあげられるのが図表5-1の①企業(＝全社；以下省略)戦略である。企業戦略として示されるのは，具体的には，他企業との統合・提携や新市場進出などの戦略である。

　例えば，国境を越えてビジネスを展開している関係上，リスクの多様化，制度の相違，文化・習慣の複雑化などがグローバル企業の経営戦略には大きく影響を与えている。これらの要因は組織の意思決定者に何らかの影響を与える。経営者の意思決定によってはレベルが高い戦略リスクにつながるおそれが十分あり得る。その戦略リスクの誤りが，企業にとって最悪な事態になりかねない。

　一方，経営者の判断ミスにより生じた戦略リスクであってもそのリスクに対し，新たに迅速な意思決定が下されれば結果として企業価値（無形資産：ブランド価値，評判）を失わずに済む可能性もある。

2-2. RMを理解した上での経営戦略とは

　ここでは，RMを理解した上での企業における経営戦略について，定義を述べる。経営戦略とは現在及び将来に起こりうるチャンス，リスクを予測して，適切な資源を配分することで，各階層における戦略機能をバランスよく発揮させて，巧くマネジメントが活用できた結果，企業が目標としている企業価値の向上が達成できるプロセスをいう。[6] 確かに，企業成長には欠かせないものが経営戦略である。
　しかしながら，企業にとって，経営戦略は必ずしも成功するとはいえない。亀井利明関西大学名誉教授は戦略の失敗，戦略ミスが企業成長を阻害する要因になり，放漫経営につながる傾向があると述べている。さらに，戦略は成功より失敗することが多いとも指摘している。[7] しかし，企業の経営理念，目標に向かって施策を具体化したもの，その目標達成のための道筋が企業における本来の戦略である。
　戦略は成長のために立てられた基本計画でありながら，最終的には適切なタイミングによりチャンスをつかみとり，そのチャンスを最大限に生かすことである。例えば，企業が新販売拠点を開拓する目的で，特定のライバルの情報を的確に把握した上で，積極的に海外の新市場に進出していくことは絶好のチャンスをつかむ戦略である。一方，自社の資金繰り状況や自社の弱みを冷静に分析して，巧い対策ができない戦略は当然マイナスになる。[8]
　次の図表5-2は戦略のプロセスとその具体的な内容を示したものである。
　図表5-2の戦略プロセスは立案から予測まで部門管理の責任者としてのマネージャーと，戦略全般の責任者としての経営者によって行われることがらを示したものである。このプロセスで重要なことは戦略に関する意思決定の内容と，その実行状況やRMシステムとに関連性が存在しなければならない点である。
　戦略プロセスの中でも重要な事項は戦略策定に当たっての予測である。戦略の実行でどういうメリット（利益）が得られ，どんなデメリット（損失）が生じるのかを常に予測し，それを測定する。そして，戦略立案者にリスクを提案し，アドバイスする機能が予測である。[9]
　企業における経営の基本や目標は変わらないが，企業戦略は経営環境の変化

図表5-2　戦略プロセスとその具体的な内容

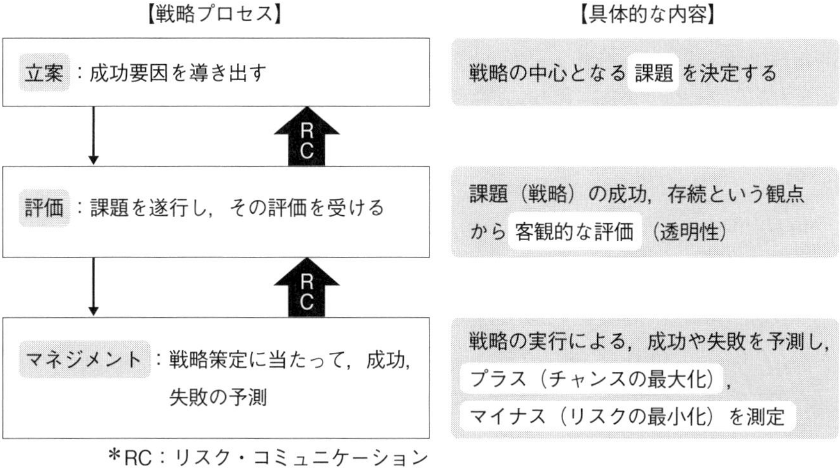

【戦略プロセス】

- 立案：成功要因を導き出す
- 評価：課題を遂行し，その評価を受ける
- マネジメント：戦略策定に当たって，成功，失敗の予測

（立案→評価→マネジメントへ下向きの流れ，下から上へRC（リスク・コミュニケーション）の流れ）

【具体的な内容】

- 戦略の中心となる 課題 を決定する
- 課題（戦略）の成功，存続という観点から 客観的な評価 （透明性）
- 戦略の実行による，成功や失敗を予測し，プラス（チャンスの最大化），マイナス（リスクの最小化）を測定

＊RC：リスク・コミュニケーション

出所：亀井利明（2004）『リスクマネジメント総論』同文舘，pp.119-120を参考にして筆者が作成。

や時代の変化とともに変わっていくはずである。したがって，変化しつつある戦略について，RMも伝統的なRMの領域を越え，リスク・コミュニケーションの必要性，すなわち現代的なRMの視点から検討する必要性があると指摘できよう。

3 企業における戦略リスクと経営者の意思決定

3-1. 戦略リスクの定義

　戦略リスクとは企業内の中間管理職及び上級管理職の意思決定プロセスに関するリスクであり，具体的には法律・規制に関するリスクや企業の戦略が企業価値に与えるプラスとマイナスの可能性が戦略リスクとして定義されている[10]。

　現代企業において企業価値の多くは，戦略によって左右される傾向が強い。例えば，企業の利害関係者である顧客のニーズの変化を的確に捉えた新商品戦略を実行できなければ企業損失，すなわちマイナスの可能性が現実化した戦

リスクという結果となる。

　企業の提携や合併，新規事業への参入にかかわる意思決定がもたらす企業価値の不確実性はまさに企業にとっては最も重大な戦略リスクである[11]。そして，戦略リスクと意思決定，とりわけ経営者の意思決定は，企業価値の問題とかかわるリスクの1つである。かつては買収や合併の意思決定は，それを行った企業のほとんどが，業績の悪い企業の救済のために採用した戦略であった。

　しかしながら，その戦略からは自らがリスクを負わざるをえない新たな戦略リスクが生じることになった。もし，経営者が企業の拡大に向けて内部成長を図らず困難から抜け出すために買収を進めていくとさらに大きな困難に陥る[12]。まさに，この戦略の意思決定は企業にとって大きな戦略リスクであろう[13]。したがって，現在では業績の良い優良企業に焦点を絞った経営戦略の一環として行われるようになった[14]。

　その理由は，企業がまったく新しい事業展開や巨大プロジェクトを実行するに当たっては，事業戦略や拡大戦略として新たな戦略リスクが展開されるからである。つまり，こうした動きは企業における戦略転換であり，企業価値を考慮した最終的な経営者の意思決定の転換であるといえよう。

　既述したように企業経営上のリスクとは戦略リスク以外にも業務上のプロセス，法令遵守上の対応といった不確実性によって発生するリスクがある。言い換えれば，多くの企業は経営理念に基づいた多様な戦略が策定されることによって企業目標を達成できるが，その戦略策定には企業価値創造を阻害する様々なリスクが潜んでいる。したがって，現代企業において潜在的にマイナスの影響を与えるリスクを，よりよくマネジメントできる企業こそが企業価値の向上を達成できる。

3-2. 戦略的意思決定と経営者の役割

（1）戦略的意思決定とは

　企業は，環境変化に適合することによって存在することができるし，企業価値の向上や成長を成し遂げることが可能となる。したがって，企業は現実的な課題，とりわけ企業価値向上のために環境の変化に適合させて企業戦略を変化させることは当然である。

企業にとって、潜在的な企業価値を実現するための事業再編の戦略は即効性があり、その戦略効果が驚くほど高い場合もある。数か月のうちに株価が何倍にも跳ね上がることもある。ただ、その分、資産の売却や従業員のリストラが必要となることもあるので当然痛みも伴う。企業価値の創造を目指す戦略は利害関係者にプラス面と同時にマイナス面の影響を与えることもある。

　しかしながら、従業員のリストラは、企業価値の創造分を基準にして経営の優先順位を意思決定していくことになる。これらのプロセスを経ることによって、企業戦略の意思決定や日常業務の遂行と企業価値の最大化を目指し、その結果として、企業の実際の価値と潜在的な価値とのギャップを埋めることが可能となる。[15] 企業が成長していくためには、明確な方向性に基づいて、どの分野へいかにして進むか意思決定を明確にするべきである。

　日本企業の世界的な存在感が低下し続けている中、企業は自社の戦略の仕組みを徹底的に自ら見直すべきである。韓国企業の場合、2008年リーマンショック以降、ビジネス・リスクを貫く戦略観は急速に変わりつつある。例えば、造船で世界首位にある韓国現代重工業という企業は、経営者の強いリーダーシップの下、積極的に企業活動を行った結果、他国から注文が続きドックは満杯になり、日本企業なら注文を断るところだが、ビジネス・リスクが生じる可能性があるにもかかわらず、企業活動を進めている。経営活動にはリスク覚悟で成長を追求しなければならないとの意思決定は日本企業が忘れかけたベンチャー精神であり、トップダウンの突破力が経営をけん引している。[16]

　つまり、経営者は環境の変化や競争企業の動きに対しても自社が最も有利に成長できるような戦略的意思決定を下さなければならない。

　H.I.アンゾフは、「企業における企業の戦略的意思決定は、企業の環境変化に対応するための意思決定である」とし、「環境への適応が大切であるという認識を企業の管理者は持つべきである」と同時に、「戦略的な立案を確立しなければならない」と強調している。[17]

　また、こうしたリスク処理の意思決定とRMについては、亀井利明関西大学名誉教授は次のように指摘している。「企業は成長発展を求めるに当たって、その反対面であるリスクをどのように把握し、どのように評価し、いかなるリスク処理手段を採用してリスクを克服しながらリスクを保有するのかを決定しなければならない。さらに、RMの成功を左右するために各階層における的確

な意思決定が企業の成長に影響することになる。したがって，意思決定は企業を環境に適合させるために追求された目標，目的にたいして手段を考えるべきである」[18]。

（2）経営者の責任と役割

　企業戦略において意思決定は，企業の成長や存続にかかわる重要な事項である。ここでは，経営者が企業価値の創造のために戦略的意思決定を行う際の経営者の責任とその役割について検討する。経営者の責任と役割における企業活動などを段階的に示したものが図表5－3である。

図表5－3　経営者の責任と役割

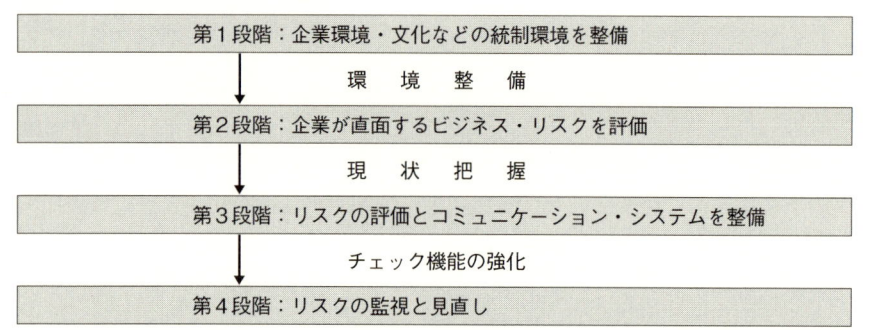

第1段階：企業環境・文化などの統制環境を整備
↓　　環　境　整　備
第2段階：企業が直面するビジネス・リスクを評価
↓　　現　状　把　握
第3段階：リスクの評価とコミュニケーション・システムを整備
↓　　チェック機能の強化
第4段階：リスクの監視と見直し

出所：後藤和廣（2002）「企業リスクマネジメント整備の検討事項」『損害保険研究』第63巻第4号，pp.109-110；姜德洙（2005）「企業における戦略リスクと経営者の意思決定」日本リスクマネジメント学会『危機と管理』第36号，p.138を参考にして作成。

　このプロセスに関して，具体的な内容をまとめると次のようになる[19]。
- 第1段階：組織の全役職員がリスクに積極的に対応できるように，まず環境を整備する。
- 第2段階：組織の全役職員に対応すべきリスクを明確にした上，対応できるように指示し統制する。
- 第3段階：リスクの評価と統制が円滑に遂行できるよう情報交換及び共通のコミュニケーション・システムを整備する。
- 第4段階：経営者はリスクの評価，統制及び情報とコミュニケーションの全プロセスが意図通り行われているのか監視及び修正をするなどの

企業活動をする。

　以上のように企業価値の向上のためには，第1段階から第4段階まですべてのプロセスが重要である。こうした視点から考えると企業経営者は，リスクを識別し評価するためのマネジメントシステムやリスク対処の戦略を設けるような環境とRMの再認識が必要であろう。

　リスクの最小化を目的とするならば，顧客からの信頼を得るなどの経営戦略から捉えた基本的な事態に対する認識が必要だし，具体的な対策が必要である。さらに，リスクの対策案を整備しながら必ず，それを文書化しておくことも重要である。例えば，第3段階で指摘したように，経営者は組織内部でリスクの評価と統制が円滑に遂行できるように，リスクに関連することについては上下関係にこだわらず，正確な情報が交換されうる共通のコミュニケーションを整備することが必要である。

4 グローバル企業の経営戦略の変化

4-1. グローバル企業の動向について

　近年，企業の海外事業への段階的拡大，いわゆるグローバル企業が増え続けている。これらの企業では，当然ながらその経営戦略の視野を拡大させながらも，海外市場への事業拡大をねらった経営戦略の変化が生じているであろう。

　一般的に多くの日本企業と韓国企業が展開したグローバル経営化は，国内より安価な生産コストをねらった生産拠点作りのために海外へ進出したケースが多かった。日韓企業が採用したのは，単に人件費の上昇，原材料の入手困難という，国内市場の限界を打開する経営戦略であった。これは，中国に進出している日韓企業に顕著に見られる経営戦略であるといえる。

　しかし，日韓企業は1990年代半ば以降は，これまでとは異なり，企業の長期的な成功という観点から，世界を単一市場と見なすグローバル経営化を目指し，積極的に海外に進出するようになった。

　これは，日韓企業が世界規模での企業価値創造を実現するために，国内内部だけの経営資源に依存するのではなく，世界各国の資源（有形・無形資産）の

有効活用が不可欠であるという効率的な相乗効果をねらった，経営戦略の一環ともいえる[20]。

そうした変化は，国内を中心に形成されてきた経営資源の配分や移転が，海外現地法人の能力の向上をもたらし，ひいてはグローバル企業全体としての競争力を強化して，ビジネス・チャンスの最大化につながるという経営戦略の見直しでもあろう[21]。

例えば，日韓企業はグローバルな効率性を中心とした国際競争の優位性を保つために，安価な生産コストをねらった生産拠点作りを目的とした海外進出にとどまらず，自社の製品やサービスを提供する巨大市場として中国を位置付けるという，戦略的な進出行動の変化が見られるようになった。

特に，韓国の大企業のトップは今後，中国でのビジネスウエイトと将来性を考えた上で，本社を韓国から中国に移しても一向に構わないと世界市場をねらった明確な意思表明をしている[22]。

日韓企業はそれぞれの国内市場に限界を感じ，企業利益の最大化を視野に入れた，いわゆる海外市場の将来性を見込んだ経営戦略を展開している。

ただし，日韓の企業活動の広がりが，国内を越えて真の多国籍企業になるためには現地化したマネジメントの構築が必要となる。というのも，日韓企業が国内的経営方式を現地にそのまま移転しようとしても，国内と同じ経営を行うことは困難を伴うからである。

日韓企業におけるグローバル化は，リスクの最小化（コストダウン）と同時に，リスクに潜むチャンスの最大化（市場の拡大，利益増加）にもつながる経営者の戦略的意思決定である。

ただし，戦略的意思決定とはトップ・マネジメントが行う意思決定であり，企業の組織方針，方向性などにかかわる臨界的意思決定である。そのため，非定型的で極めて不確実性に富んだ意思決定でもある[23]。

そうした意味で，経営者の戦略的意思決定は企業の利害関係者である消費者ニーズの変化，または海外に進出した地域社会と従業員が何を求めているかを的確に捉えないと企業価値の向上に影響を与える最も重大な戦略リスクとなる可能性が高い。

そこで，経営者はそれらの限界を乗り越えるべく，企業価値とかかわる意思決定については一人ではなく，内部組織の複数の人々と，上下関係にこだわら

ず，正確な情報交換が可能なシステムの整備，さらにそのシステムを円滑に運営できる内部統制の環境を整備する強いリーダーシップが必要である。国際競争が激しくなるなか，新たなリーダーシップを生み出さなければ，企業を長期間にわたって成功に導くことは不可能だと認識しなければならない。

4-2. グローバル企業が抱えている問題－日韓企業の共通点

　日本企業と韓国企業が海外に進出している基本的な理由はすでに述べたが，日韓企業は世界レベルの経済活動において，相互依存度が高まり，企業経営を取り巻く環境がますますグローバル化している。しかしながら，グローバル経営は非常に複雑である。なぜなら，企業活動が国境を越えることにより，政治，法律・規制，文化・言語，為替，そして地理的距離といった多くのレベルにおける多様性が生じるからである[24]。

　韓国のKOTRA「2010海外進出企業の実態調査報告書」[25]によれば，ベトナム，インドネシアに進出している企業は依然増え続けていると実態調査で明らかになったが，海外に進出している企業には次のような変化が見られている。調査によると今後，中国市場から撤退しようとの動きがある。そうした動向の理由は，中国市場における経営環境は改善されているが，組織内部での人件費，労務管理にかかわる内部環境は悪化している[26]。いわゆる組織内部でコミュニケーションの問題が企業経営そのものに何らかの影響を与えているのである。

　近年，グローバル企業は様々な環境要因の影響を受けながら，企業活動を行わなければならない。したがって，グローバル企業を取り巻く環境が急激に変化するような状況下では，企業価値向上にチャンスをもたらす情報をどれほど迅速に収集できるか，あるいは企業活動に直接関係している市場環境にいかに対応するかが大きな課題であろう。

　在外日本企業では1980年代から1990年代まで日本人管理者が8割を占めていたが，近年においても，現地の人材の昇進を取り入れて減少傾向にあるとはいえ，依然として本社主導の体制をとっている。すなわち，本社から派遣される日本人管理者がいつまでも経営の中枢を占めているので，現地化が遅れたのは事実である[27]。

　その結果，海外での人材調達能力が低く，優秀な人材を採れないために人的

資源の損失，いわゆる企業価値向上に何らかのかたちで影響を与えるマイナスの要因となっている。

一方，韓国企業の場合，マネジメントの現地化に関しては2極化の現象が見られる。つまり，極めて現地化が遅れているパターンと，積極的に現地化を進めているパターンに分けられる。

現地化の2極化現象は，おそらく韓国企業が財閥企業であるところにその原因がある。絶大な権限を持つオーナー経営者によって経営される韓国財閥企業だけに，そのトップの考え方や経営方針が現地化を進める方針であれば，それこそ徹底的な現地化が志向される世界志向型企業となるが，反対に，経営者が本社主導を固守するのであれば，一向に現地化が進展しないというのが韓国企業の特徴である。[28]

現地特有の風土や利害関係者である従業員の価値観，行動様式をどのような形で，グローバル企業の経営管理に生かしていくべきなのかに関しては，慎重に考慮しなくてはならない。特に，コミュニケーションの問題は人材の流動性などの無形資産（人的資源）にも密接な関係がある。

次の図表5－4は，グローバル企業としてブランド価値を高めている三星企業の事例である。事例からいえることは，現地人の参加意識と競争の誘導など，グローバル企業は，本社とともにグローバルな目標に焦点を当て，それぞれの独自の能力で独自の貢献をする全体のシステムを構成する必要がある。そして，グローバル企業は文化的背景の様々な人々で構成される組織であるから，組織内部の彼らを統合する現地主義を基本とし，本社の経営理念と企業文化の要素を加味するためマネジメントの現地化を構築しなければならない。

結局，グローバル企業は，本社ともにグローバルな目標に焦点を当て，それぞれの独自の能力で独自の貢献をする全体のシステムを構成する必要がある。そのためには，優秀な現地人には昇進を保証することによって現地の人々の士気を高め，企業へのコミットメントの低下を避けねばならない。そして，こうしたグローバル企業におけるマネジメントの現地化には強いリーダーシップが必要である。

図表5-4　三星グループの事例

[マネジメントの現地化のプロセス －企業価値向上の視点から－]

1．戦略	優秀な人材の確保⇒無形資産である人的資源の活用
2．概要	①優秀な現地人には昇進を保証することによって，現地人に我が社意識と責任感を持たせるべく，そのための施策として，年俸制や成果給制などの多様な人事制度を導入した。
	②現地（マレーシア）の4つの大学と提携関係を結び，その出身者には採用時に点数を加算するなどして集めた，優秀な現地人の活躍により，三星グループの最大規模の海外生産拠点となると同時に，最大の利益を上げている。
3．理由	挑戦意欲と競争心を高める
4．成功要因	経営者の強いリーダーシップ
	①現地市場の動きや利害関係者，顧客ニーズの変化に迅速に対応するために地域別に戦略の強化を指示
	②「現地化による経営」という戦略的な意思決定と意思決定をバックアップする組織体制（構造調整本部）

出所：曺斗燮，尹鍾彦（2005）『三星の技術能力構築戦略』有斐閣，pp.199-212；三星経済研究所，Issue Paper 2010.11を参考して作成。

5 企業価値向上につながる経営者の意思決定

5-1．トップ・リーダーシップとそのあり方

　今や，現代企業が抱える複雑な状況を打開する手段として，新しいリーダーシップが要求されている時代である。要するに，持続可能な企業組織を築きながら，利害関係者である消費者も満足するサービスを提供し，また株主，地域社会に対しても長期的な価値をもたらすことができるリーダーを必要としている[29]。それは，1990年代半ば以降，市場が国際化し，市場のニーズが多様化し，国際競争が激化するに伴い企業は利害関係者から新商品の開発や新しい価値観などを求められるようになってきたからである。

　このような新しい競争においては，競争優位性を獲得するために，組織全体をまとめる共有の価値，組織文化，内部統制などが必要になり，変化する外部環境に対する経営戦略をどのようにするのかという，経営者のリーダーシップ

のあり方が問われるようになった。[30] つまり，時代や組織の変化により，企業に求められるリーダーシップも変化し続けてきたわけである。それでは，なぜ，経営者とりわけトップ・リーダーシップが求められるようになったのか，その背景について最新の研究から簡略にまとめてみよう。

20世紀後半，市場における国際競争が激しくなり，もはや生産すれば売れる時代ではなくなった。組織は効率性だけではなく，品質や価値をいかに高めるか，求められるようになった。そこで，現代企業は市場変化を敏感に感じ取り迅速に適応する必要があるため，リーダーシップも，従来の縦割りの官僚的階層組織が有効に機能していたミドル・リーダーシップからトップ・リーダーシップへと時代の流れとともに変遷してきた。

トップ・リーダーシップには，ミドル・リーダーシップと異なり，生産や構造作りといった課題指向行動だけではなく，経営の明確なビジョンや目標の設定や行動力といった要素が新たに含まれるようになった。[31]

特に，トップである経営者にはリスクの認識に基づくリスク評価能力やリスク対応への意思決定の能力等の資質も重要である。中でもグローバル企業はIT化が急速に進んだグローバルなネットワークという不確実性や様々な環境要因が影響を及ぼす中で事業を展開しているからこそ，リスク感性の豊かなリーダーシップが求められる。現代企業は，企業価値持続を図るためには強いトップ・リーダーシップがいかに必要であるかを再考しなければならない。

ところが，その前提条件として経営者には然るべき性格と能力が求められる。例えば，意思決定を下す経営者の資質に企業経営は大きく左右されるので，経営者の性格や能力は1つの大きなリスク要因をなしている。今日のように競争が激化していると，経営者にはRMに関する能力が要求されるようになってきたが，この能力が経営者にない場合，重大な経営者リスクが存在することになる。[32]

企業のRMにおいては，組織がリスクに直面したときに，いかなるリスク処理手段を選択するかの意思決定が最も重要であり，その優劣を分けるのが，意思決定者いわゆる経営者のリーダーシップであり，経営者のリスク感性でもある。[33]

グローバル企業においては，従業員の文化や国籍，言語が異なるため，企業の目標とビジネス上の価値観を共有し，協働していく過程では，企業文化が欠

かせない要素となってくる。特に，異文化の人と仕事をする際には彼らがどのような文化的価値観を持っているのか，どんな価値観を最優先しているのかを理解し，企業の独自文化と相互に調和させていかなければならない。[34]

企業文化とは，企業組織を構成する内部の人々が共有している精神的資産であるので，強い企業文化に合致した経営戦略は成功の可能性が高い。企業文化が戦略策定に当たっての直接的な価値前提となり，企業文化に合致した戦略には首尾一貫性が生まれ，内部構成員による理解や実行が円滑になり，他企業の価値観との差別化による競争優位性の確立にも役立つものである。[35]

企業独自の文化を持っている企業は，新しい戦略を遂行しようとする際に，もし企業価値に関する不確実性のビジネス・リスクが発生した場合，リスクに対する価値判断が迅速に行われる可能性が高い。

RMの視点からみると，企業文化とは，企業が予測できない事態に直面したときに個々の従業員が経営者と同一の目的に向かって，自らの判断で最善の方法を自発的に判断し選択して行動する際の従業員の拠りどころとなる，企業内部の非公式な行動規範，価値観であるという見方ができる。[36]

次に，グローバル企業文化の構築にあたり，なぜ，意思決定者である経営者のリーダーシップが重要であるのかについて事例をあげながら検討する。

韓国の三星電子のトップである李会長は，グローバル企業文化の構築に強いリーダーシップを発揮している。彼は，現地で生産している製品にその国の文化が宿っていなければその製品は短命に終わり，他社との競争力の低下に直結するといい，経営と文化をマッチさせた新しい企業文化を強調している。その結果，現在，世界市場で好評を得て，三星電子のブランド力は飛躍的な成長を続けている。[37]

同社は，明確な中央コントロール経営体制により，グローバル事業と国内向けの事業を区分している。例えば，現地企業が地域ごとに事業の最適化・自律化を図るべき状況を見極め，それを指示することが意思決定者のリーダーシップである。

意思決定者の強いリーダーシップのもとで，グローバル化経営を実行している企業は世界市場で評価され，とりわけ企業ブランド価値が高く評価されている。すなわち，それは，このような企業が国内とは異なる環境にある各国の利害関係者にも認められている証拠である。

5-2. グローバル企業文化の構築と意思決定者の役割

　意思決定者の役割は，まず，将来の企業を取り巻く経営環境を予測して，企業のあるべき姿，いわば持続可能な企業を構想し，それに至るまでの経営方針を示し，企業の進むべき方向を明確に定めることである。そして，自社が抱えている現状を的確に把握した上で，経営ビジョンを示し，それが，全社員はもとより組織の隅々まで浸透するような体制を構築することである。このように構築された有機的な相互作用をもった企業文化こそが企業の環境適応能力を高め，企業価値の持続性を確固たるものにすることができる。

　企業価値の持続性を保つためには，いかに各企業が独自の企業文化，とりわけ優れた企業文化を経営者のリーダーシップによって企業内部に浸透させることができるかどうかによって決まる。実際，この企業文化の構築という課題は，国内外の企業を問わずに経営者の頭を悩ませている経営課題であろう。

　現代企業にとって，グローバル企業文化を構築するためには，まず利害関係者である従業員の様々な異質の知識やアイデアを組み合わせることによって，まったく新しい創造力を生み出し，競争相手企業に対する競争優位性の確立に重要な役割を果たすことが可能な環境作りが必要である。すなわち，企業が無形資産である彼らの能力やノウハウを巧く引き出すことが重要である。

　そして，無形資産である人材の潜在能力を活用し，内部組織の革新過程を円滑にしていくために彼らが持っている個々の能力を，上下関係にこだわらず分け隔てなく尊重して，相互協力的共同体を重視していく環境作りも必要である。

　要するに，意思決定者である経営者は，内部構成員に受け入れられるような目標を設定し，個々の人たちの態度や行動を統合的に組み合わせ，定めた経営目標が達成できる組織化（プロセス）を行い，それを一定の水準に維持できるようにリーダーシップを発揮しなければならない。それが，組織内部で巧く機能しているグローバル企業は競争が激化している世界市場でも企業価値の持続性を保つことができる。

　特に，グローバル企業が優れた企業文化を構築するためには内部組織機能の向上と有効性の追求が必須であろう。それは，コミュニケーション機能の向上なくしては不可能である。そのためには企業のグローバルな組織を統合し，価値観を一致させ，リスク対応の行動に統一性をもたせ，意思決定において円滑

なコミュニケーションがとれるようにしなければならない。

　例えば，企業の組織全体の情報を発信できるのは意思決定者である経営トップ以外に存在しない。この組織コミュニケーションを行使すれば，広範囲なコミュニケーションを有効に行うことが可能になる。しかしながら，それには経営トップの優れた能力，とりわけ強いリーダーシップが求められる。[38]

　日産自動車のカルロス・ゴーンは，危機管理の手段として組織内部でのコミュニケーションを重視することが非常に重要であると強調してきた。特に，社内で，危機感共有，現状の問題点把握と共通の理解，問題解決案の提示と共通の理解のために，組織間の明確なコミュニケーションが必要である。そして，経営者は危機に直面した場合の問題解決の際には，自らが責任を持ち優先順位を正しく守って意思決定を行うべきである。[39] 彼は，企業価値向上を図る意思決定者のリーダーシップを実行しているといえよう。

　経営者が，社員に受け入れられるような目標を設定し，個々の人たちの態度や行動を統合的に組み合わせ，いわゆる組織化（プロセス）を行い，それをさらに一定の水準に維持できるようにバックアップしていくことは，もちろん，大前提である。また，内外の利害関係者が納得できるような意思決定が必要となる。

　RMもマネジメントの1つである以上，経営組織の各段階においてそれぞれ重要な意思決定を伴うことは当然である。また，企業活動はあらゆる面において意思決定を必要とするので，経済的な側面や社会的側面をバランスよく，企業価値の向上に導くためにトップ・マネジメント，ミドル・マネジメント，ロワー・マネジメントの各段階において各自の意思決定や判断が必要とされている。[40]

　ある企業が立案されている戦略を成功させようと，バックアップするためのリスク・ヘッジ戦略という意思決定を実行したならば，それは完全にリスク戦略であり，RM戦略である。[41]

　結局，企業は様々な利害関係者を十分に満足させることが，結果として社会的貢献を果たすことになり，企業の経営理念である企業価値の創造が可能となっていく。つまり，多くの企業は経営理念に基づいた戦略を策定している。

　図表5-5は企業価値向上に貢献しうる意思決定の前提条件を示したものである。

図表5-5　経営者の責務としての意思決定の前提条件

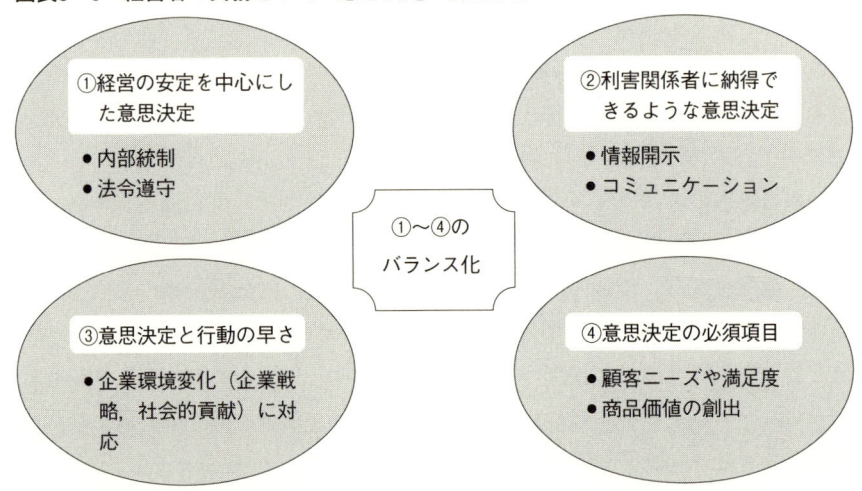

- ①経営の安定を中心にした意思決定
  - 内部統制
  - 法令遵守
- ②利害関係者に納得できるような意思決定
  - 情報開示
  - コミュニケーション
- ③意思決定と行動の早さ
  - 企業環境変化（企業戦略，社会的貢献）に対応
- ④意思決定の必須項目
  - 顧客ニーズや満足度
  - 商品価値の創出

①～④のバランス化

　企業価値向上のための前提となる経営者の意思決定は①～④のバランスが重要であることを認識しなければならない。また，経営者にはリスクの認識に基づくリスク評価能力やリスク対応への意思決定の能力と資質も重要である。すでに強調したように，組織内部で共通のコミュニケーションができるような環境作りも，企業価値の創造に貢献しうる意思決定を可能とする大事な要因の1つである。

　企業価値というのは，会計上の操作や管理によって創造するものではなく，企業の事業について適切な戦略や計画を策定し，明確なプロセスを通じて，実行していくことで創造できることを全社的に認識すべきである。また，そうした環境を整えるのが経営者の役割であり責任である。

6 結びにかえて

　本稿の目的は，多くの現代企業において企業価値を高める志向が強まっている中，企業価値の創造のためには経営者の意思決定や責任・役割がいかに重要であるかについて分析し，その分析を通じて経営者のリーダーシップ，とりわ

け意思決定が企業価値の向上にどういう影響力を持っているかについて検討することであった。その検討対象として，4つのビジネス・リスクの中の，戦略リスクに焦点を絞り，そのリスクやRM意思決定者の役割・責任がいかに企業価値向上に影響を及ぼしているのかを検討してきた。

検討の順序としては，まず，一般論としての戦略の定義を簡略に説明した後，RMの観点から捉えた戦略の定義を整理し，さらに，RMが企業戦略において，なぜ必要であるのかについて検討した。その結果，以下のような結論を得た。

現代企業に重大な影響を与えるリスクは，損失とチャンスの両方の可能性を含んでいるので，企業の戦略においても両方の性質を生み出す可能性がある。企業が立案した戦略によっては損失といったマイナスを与える可能性もある反面，利益というプラスを企業に与える可能性もあるとの指摘を行った。

また，企業における変化するリスクとともにそれをマネジメントする担当者，すなわち，RMの意思決定に携わる担当者も変わっていくことは当然であると指摘した。RMの意思決定に関して，各段階における的確な意思決定がRMの成功を左右し，企業の成長に影響を与えることになると，その重要性について強調した。

企業が成長していくためには，経営者が明確な方向性に基づいて，どの分野へいかにして進むかの意思決定を明確にしなければならない。そのためには，戦略的意思決定を行う際，経営者の責任とその役割について段階的に示すべきであるので，そのプロセスについても考察した。

また，本稿では，経営者は多様なリスクの発生を事前に把握し，リスクの予防やそれらのリスクの管理状況を継続的に監視するシステムやその体制の必要性を理解した上で，明確な意思決定ができるか否かが重要であり，すなわち，総合的に判断した上で下された意思決定こそが企業価値の創造を大きく左右するという点を指摘した。

また，経営者は危機にさらされて初めて対策を考えるのではなく，常に企業価値，株主価値創造の機会を見極めた行動や意思決定を行えるように，確実に準備をしておかなければならないとの結論も得られた。

次に，グローバル企業において企業価値を高める志向が強まっている中，グローバル企業におけるマネジメントの現地化の構築にはリーダーシップ，とりわけ意思決定者である経営者のリーダーシップが重要であり，企業文化の構築

にも影響力を及ぼしていることについて検討した。優れた企業文化を持っているグローバル企業は，利害関係者に高く評価されている。例えば，そうしたグローバル企業は人的資源である地元の優秀な人材を引き付けることができ，マネジメントの現地化に彼らの能力を活用している。

韓国の三星グループの事例では，経営者であるトップのリーダーシップについても検討してみた。文化的背景の多様な人材で構成されている組織を共通の目標，企業価値の最大化に向けて動機付け，統合を図るために，戦略的な意思決定を迅速に下していることがわかった。

現在のところ，強いリーダーシップを持っている韓国企業の方が日本企業よりグローバル企業としてマネジメントの現地化は進んでいる傾向があるといえる。

また，グローバル企業を取り巻く経営環境には，国内企業に比べて新たなビジネス・リスクが加わることが指摘できた。その理由は，様々な国と地域で生産などを含めた事業活動を行い，消費者，取引先，従業員といろいろな立場の利害関係者と少なからず，何らかの形でつながりをもっているからだ。

海外進出企業は，何らかのカントリーリスクにさらされ，それらのリスクの発生によって損害を被る発生頻度が高い。そこで，企業のリスクに関する意思決定者が企業目標の達成に向け，企業内外の利害関係者とリスク情報を十分に共有し，相互理解した上で，双方向の対話と共生を進めることはグローバル企業にとって，国内企業以上に重要である。

企業価値を向上させるためにはトップ・リーダーシップ，各自の意思決定や判断が必要となる。つまり，RMもマネジメントの1つである以上，グローバル企業の経営組織の各段階においてそれぞれ重要な意思決定がなされるが，そうした意思決定にリーダーシップが伴うことは当然のことである。

結局，グローバル企業における企業価値を最適化するRMは優れた企業文化の構築がスタートであるといえる。しかしながら，それのみを追求しても企業価値向上には結びつかない。

企業においてRMを単なる財務や会計上の問題として取り上げるのではなく，企業経営の基本的な目標・戦略に関するマネジメントシステムの一環として戦略的に位置付けることが重要である。いずれにしても，企業価値の持続性は，リーダーシップによって左右される。

第5章　グローバル企業における経営戦略と経営者の意思決定

　意思決定者は企業を取り巻く様々な利害関係者に対して，自らの努力する強い意志を伝えなければならない。しかし，その前提として，トップの経営者は常に，企業価値及び利害関係者の価値を最適化するためにリーダーシップを発揮するべきであろう。

　最後に，企業価値創造に貢献しうる意思決定の前提条件として４つのプロセスを示したものの，その具体的な事例の内容や４つのプロセスの関連性についてその証拠，または分析を提示するまでには至らなかった。企業価値創造の前提となるのが経営者の意思決定であることは間違いなく，また，その４つのプロセスのバランスが非常に重要であることも筆者は認識している。いずれにしても，企業価値の創造に努力すれば，利害関係者に，その強い思いが伝わるはずである。したがって，経営者は常に，企業価値の創造のために意思決定を行い続けなければならない。

[注記]
1）経営戦略段階プロセス（①企業戦略②事業戦略③機能部門別戦略）の中で，相互的にバランスを考慮した上で決定しなければならない。
2）上田和勇（2007）『企業価値創造型リスクマネジメント―その概念と事例―』白桃書房，p.2。
3）亀井利明（2003）『危機管理とリスクマネジメント』同文舘出版，p.86。
4）企業のビジネス・リスクを①戦略リスク②金融リスク③ハザードリスク④オペレーショナル・リスクに分類している。このリスク分類は，ロス及びチャンスの双方の可能性を含むリスクである戦略リスクや金融リスクなどを含むリスクをかつての二分類からより総合的及び広義に四分類にしているのが特徴である（上田和勇，亀井克之編著（2004）『基本リスクマネジメント用語辞典』同文舘出版，p.102）。
5）服部吉伸（2002）『入門MBAへの経営戦略論』文理閣，p.128。
6）上田和勇編著（2009）『企業経営とリスクマネジメントの新潮流』白桃書房，p.227。
7）亀井利明（2004）前掲書，p.116。
8）これらの戦略について亀井利明教授は，前者のタイプを攻撃型戦略，後者を防御型戦略として分けている。
9）亀井利明，前掲書，p.120。
10）上田和勇（2007）『企業価値創造型リスクマネジメント』白桃書房，p.182。
11）上田和勇，亀井克之編著（2004）『基本リスクマネジメント用語辞典』同文舘出版，p.81。
12）梅津祐良訳（2004）『ミッション・リーダーシップ』生産性出版，p.202。
13）企業が統合した後は，競争によるプレッシャーの問題が株価下落の主な要因になる戦略リスクである。

14) 亀井利明，前掲書，p.151。
15) マッキンゼー・コーポレート・ファイナンス・グループ訳（2002）『企業価値評価―バリュエーション：価値創造の理論と実践―』ダイヤモンド社，p.18。
16) 「日本経済新聞」2011年10月14日。
17) 深野宏之（1991）『経営戦略のための意思決定と品質管理』工業調査会，p.26。
18) 亀井利明，前掲書，pp.83-92。
19) 後藤和廣（2002）「企業リスクマネジメント整備の検討事項」『損害保険研究』第63巻第4号，pp.107-110。
20) 現在，世界的に企業のブランド価値が高く評価されている三星は，1990年代半ば，海外に進出した法人会社の現地市場への適応を強調し，世界の主要5地域に地域本社を設置している。これは，世界のブロック化と地域統合が進み，現地適応の重要性について韓国でもいち早く三星内部での認識があった結果である（曺斗燮，尹鍾彦（2005）『三星の技術能力構築戦略』有斐閣，p.210）。
21) リスクの最適化：集中（チャンスの最大化），選択（リスクの最小化）。
22) 王効平，尹大栄，米山茂美共著（2005）『日中韓企業の経営比較』税務経理協会，p.95。
23) 組織において人々は，①業務的意思決定，②管理的意思決定，③戦略的意思決定に携わっている。具体的には①業務的意思決定とは現場における意思決定，②管理的意思決定とはミドルマネジャーらが行う管理にかかわる意思決定，③戦略的意思決定とはトップ・マネジメントが行う意思決定である（高木晴夫監修（2005）『組織マネジメント戦略』有斐閣，p. 7）。
24) 高木晴夫監修（2005）『組織マネジメント戦略』有斐閣，p.11。
25) チョウヒョンミン（2010）「2010海外進出企業実態調査報告書―中国，ベトナム，インドネシアGrand Survey―」KOTRA資料10-095より一部引用。
26) 例えば，市場の販路，物流，流通，通信ネットワークなどを示している。
27) 王効平，尹大栄，米山茂美共著，前掲書，p.96。
28) 同上書，p.97。
29) 梅津祐良訳（2004）『ミッション・リーダーシップ』生産性出版，p.14。
30) 高木，前掲書，pp.171-172。
31) 同上書，pp.173-182。
32) 上田和勇，亀井克之編著，前掲書，pp.49-50。
33) 亀井克之（2005）『経営者とリスクテーキング』関西大学出版部，pp.309-310。
34) 折橋靖介（2003）『多国籍企業の意思決定と行動原理』白桃書房，p.162。
35) 同上書，p.189。
36) 上田和勇（2006）「リスク文化と企業価値最適化のリスクマネジメント」『専修ビジネス・レビュー』Vol. 1 .No.1，p.94。
37) 曺斗燮，尹鍾彦，前掲書，p.243。
38) 高木，前掲書，pp.165-166。
39) 亀井克之（2004）「カルロス・ゴーン流企業危機管理の源流」日本リスクマネジメント学会『危機と管理』第35号，pp.240-241。
40) 亀井利明（2003）『危機管理とリスクマネジメント』同文舘出版，pp.86-87。

第5章　グローバル企業における経営戦略と経営者の意思決定

41) 亀井利明 (2004)『リスクマネジメント総論』同文舘出版, pp.119-120。

[参考文献・URL]

上田和勇(2006)「リスク文化と企業価値最適化のリスクマネジメント」『専修ビジネス・レビュー』Vol. 1 .No.1。
上田和勇（2007）『企業価値創造型リスクマネジメント』白桃書房。
上田和勇，亀井克之編著（2004）『基本リスクマネジメント用語辞典』同文舘出版。
王効平，尹大栄，米山茂美共著（2005）『日中韓企業の経営比較』税務経理協会。
折橋靖介（2003）『多国籍企業の意思決定と行動原理』白桃書房。
甲斐良隆，榊原茂樹編著（2010）『企業リスク管理の実践』中央経済社。
亀井克之（2001）『フランス企業の経営戦略とリスクマネジメント』法律文化社。
亀井克之（2005）『経営者とリスクテーキング』関西大学出版部。
亀井克之（2004）「カルロス・ゴーン流企業危機管理の源流」日本リスクマネジメント学会『危機と管理』第35号。
亀井利明（1999）『危機管理とカウンセリング』日本リスク・プロフェショナル協会。
亀井利明（2003）『危機管理とリスクマネジメント（改訂増補版）』同文舘出版。
亀井利明（2004）『リスクマネジメント総論』同文舘出版。
姜徳洙（2004）「三星電子におけるリスクマネジメントの実態―環境リスクマネジメントの事例を中心に―」日本リスクマネジメント学会『危機と管理』第35号。
姜徳洙（2007）「グローバル企業におけるリーダーシップの重要性」日本リスクマネジメント学会『危機と管理』第38号。
後藤和廣（2002）「企業リスクマネジメント整備の検討事項」『損害保険研究』第63巻第4号。
小林末男（1992）『リーダーシップの開発と実践』東洋経済新報社。
申元東（2010）『サンスンの最強マネジメント』徳間書店。
曺斗燮，尹鍾彦（2005）『三星の技術能力構築戦略』有斐閣。
大東和武司（1999）『国際マネジメント』泉文堂。
高木晴夫監修（2005）『組織マネジメント戦略』有斐閣。
多田稔（2003）『変革型リーダーシップ』鳥影社。
チョウヒョンミン（2010）「2010 海外進出企業実態調査報告書―中国，ベトナム，インドネシア Grand Survey ―」KOTRA 資料 10-095。
中村久人（2002）『グローバル経営の理論と実態』同文舘出版。
ノール・M・ティシー他著，一條和生訳（1999）『リーダーシップ・エンジン―持続する企業成長の秘密―』東洋経済新報社。
服部吉伸（2002）『入門 MBA への経営戦略論』文理閣。
ビル・ジョージ著，梅津祐良訳（2004）『ミッション・リーダーシップ―企業の持続的成長を図る―』生産性出版。
深野宏之（1991）『経営戦略のための意思決定と品質管理』工業調査会。
マッキンゼー・アンド・カンパニー他著，マッキンゼー・コーポレート・ファイナンス・グループ訳（2002）『企業価値評価―バリュエーション；価値創造の理論と実践―』ダイヤモ

ンド社。
http://www.seri.org, CEO Information, 三星経済研究所。
http://www.doosan.com/
http://www.fnnews.com/

第6章
リスクマネジメント規格と社会的責任規格
―中核的課題である対消費者の問題を例として―

1 はじめに

　規格,特に国際的に影響力のある標準文書である国際規格は,近年では工業標準だけではなく,マネジメント標準として社会的に受け入れられるようになってきた。ISO 9000シリーズによる品質保証マネジメントシステム(QMS; Quality Management System)やISO 14000シリーズのような環境マネジメントシステム(EMS; Environmental Management System)に加え,情報セキュリティマネジメントシステム(ISO 27001)や食品安全マネジメントシステム規格(ISO 22000)がその例である。さらに,2009年にはリスクマネジメントの基本用語やマネジメントシステムに関する国際規格も作成された。

　この章では,リスクマネジメント規格を発端として,いくつかの関連規格の国際的な動向について触れながら,国際的なレベルで期待される企業のリスク管理の姿を,企業の社会的責任,特に顧客である消費者の安全に着目した施策や戦略の面から考える。

　なお,本文に先立ち,なぜ規格に着目するのかについて若干の説明を行う。「規格」とは,国際規格であるガイド2で以下のように定義されている[1]。

「与えられた状況下で,適切な程度の秩序を達成することを目的とし,諸活動またはその結果に関する規格,指針または特性を,共通かつ繰り返し使用するための文書であり,合意によって確立され,公認機関で承認されたもの。」

　すなわち,一定の秩序を与えるものであり,材料や部品,製品の機能や特性

などの仕様を定める標準書がもともとの姿である。しかし，法律のように立法制度に基づいて作成されるものではなく，社会的なニーズを背景に，国家規模で政治家以外の利害関係者が，作成や改正に至るまでの発言権を有し，各国代表のコンセンサスを得て始めて制定されるものである[2)]。つまり，規格とは，一定の圧力が支配的な世界ではなく，言い換えればそのときどきの社会・経済環境下で生まれるべくして生まれる一定のオフィシャルな規範であるといえる。

国家規格であれば，その国の中で一定のマーケット内の支配力が形成され，仕様に合った製品やサービスの流通が求められる。国際規格であれば，国際的な流通にまで影響を与える。そして，このような動向はマネジメント規格の普及によって，さらに個別製品等の限定された取り扱い企業だけの世界から，流通や政府，さらには消費者の期待や評価の基準へと波及していった。

以上のことから，企業経営においても国際的に期待される経営像が，これらの国際的な社会規範を無視して展開することは考えられないのである。このような視点で，いくつかの国際規格等を参照しながら，企業経営に期待される側面，特に重要なステークホルダーである消費者の安全や期待をどのように配慮して，構築していく姿が望まれてきているのかについて展開していく。

2 国際標準としてのリスクマネジメント規格

2-1 リスクマネジメントの ISO 規格の制定

リスクマネジメント規格として，以下の国際規格が相次いで作成された。

ISO Guide 73（2009）；Risk management – Vocabulary.
ISO 31000（2009）；Risk management – Principles and guidelines.
IEC/ISO 31010（2009）；Risk management – Risk assessment techniques.

ISO Guide 73（2009）はリスクマネジメント用語を定義するものであり，ISO 31000（2009）は組織がリスクマネジメントを導入する場合の指針であり，IEC/ISO 31010（2009）は，リスクアセスメント手法に関するものであ

る。なお，ここでいうISOとは国際標準化機構（International Organization for Standardization）のことで，工業分野の国際標準化を目的として1947年に発足したジュネーブに本拠を置く機関の名称である。IECとは国際電気標準会議（International Electrotechnical Commission）のことをいい，電気及び電子技術分野の国際標準化を目的に1906年に発足した同じくジュネーブに本拠を置く機関の名称である。また，両機関が共同で作成・発行した国際規格の場合は，IEC/ISOのようにダブルロゴで規格番号が表記される。

これらの規格は，国際的にコンセンサスを得た国際規格であり，標準化を目的とした国際的に影響力がある文書である。具体的には，これらの規格はそのまま各国の言語に翻訳され，地域規格や国家規格として導入されることになる。欧州の地域規格であるEN，[3]英国規格（BS），[4]ドイツ規格（DIN），[5]フランス規格（AFNOR），[6]オーストリー規格（ÖNORM），[7]オーストラリア規格（AS），[8]わが国であればJIS[9]の形で国家規格として導入されている。これらの規格への採用状況を図表6-1に示す。

筆者は，リスクマネジメントの国際規格が制定される前の段階（2008年）における各国のリスクマネジメント規格の動向を上田編著（2009）の『企業経営とリスクマネジメントの新潮流』の中で紹介している。[10]その段階では，オーストラリア及び英国において独自のリスクマネジメント規格の展開がなされており，特に英国におけるBS 31100（2008）「リスクマネジメントの適正実施基準」などはISOにおける国際標準化の動きを意識したフレームワークを発信していた。背景には，認証規格としてのリスクマネジメント規格を模索する動きも水面下であったのではないかとも思われる。

2-2. 各国際規格の構成

まずここで，前述のリスクマネジメント国際規格の制定経緯や構成に着目し，各規格・ガイドを概観する。

(1) ISO Guide 73

ISO Guide 73（2009）は，ガイドとあるように，すなわち規格ではなく，国際規格を作成する場合などの基本となる文書という位置付けを持ち，作成も個

figure 6-1 ISOリスクマネジメント規格の各国での採用状況

		欧州規格（EN）	英国規格（BS）	ドイツ規格（DIN）
IEC/ISO Guide 73	導入規格			
	発展規格			
ISO 31000	導入規格			DIN ISO 31000（2009）
	発展規格		BS 31100（2011）	
ISO 31010	導入規格	EN 31010（2010）	BS EN 31010（2010）	DIN EN 31010；VDE 0050：2010-11
	発展規格			

＊「導入規格」とは，左記ISOガイドまたは規格をそのままの形（ダブルロゴ）で地域・国家規格に導入したことを示す。
＊「発展規格」とは，ISOガイドまたは規格を導入する際の関連規格類であり，各標準化機関のオリジナルである。
＊上記表中の規格の名称を以下に示す。
　BS 31100（2011）；Risk management, code of practice and guidance for implementation of BS ISO 31000.
　FD X50-253（2011）；Risk management - Risk management process - Guidelines for communication.
　ONR 49000（2010）；Risk Management for Organizations and Systems - Terms and basics - Implementation of ISO 31000.
　ONR 49001（2010）； Risk Management for Organizations and Systems - Risk Management - Implementation of ISO 31000.
　ONR 49002-1（2010）；Risk Management for Organizations and Systems - Part 1: Guidelines for embedding the risk management in the management system - Implementation of ISO 31000.

別の専門委員会[11]（TC, SC, WGなどがある）ではなく，ISOの上位機関（TMB；技術管理評議会）が作成する。このガイドは，2002年に初版が制定され，今回の2009年版は第一回目の改訂版にあたる。この改訂の特徴は，その規格番号表記をみることで察することができる。

　ISO/IEC Guide 73（2002）→ ISO Guide 73（2009）

第6章 リスクマネジメント規格と社会的責任規格

フランス規格（AFNOR）	オーストリア規格（ÖNORM）	オーストラリア規格（AS）
FD X50-251；FD ISO Guide 73（2009）		
FD X50-253（2011）		
FD X50-254；NF ISO 31000（2010）	ÖNORM ISO 31000	AS/NZS ISO 31000（2009）
	ÖNORM ISO 31000（2011），ONR 49000（2010），ONR 49001（2010），ONR 49002-1（2010），ONR 49002-2（2010），ONR 49002-3（2010），ONR 49003（2010）	
	OEVE/ÖNORM EN 31010（2010）	

　ONR 49002-2（2010）；Risk Management for Organizations and Systems - Part 2: Guideline for methodologies in risk assessment - Implementation of ISO 31000.
　ONR 49002-3（2010）；Risk Management for Organizations and Systems - Part 3: Guidelines for emergency, crisis and business continuity management - Implementation of ISO 31000.
　ONR 49003（2010）；Risk Management for Organizations and Systems - Requirements for the qualification of the Risk Manager - Implementation of ISO 31000.

＊オーストリアの標準化機関はAustrian Standards Institute（ASI）であり，ÖNORMロゴは規格，ONRロゴはテクニカルレポートを意味する。
＊上記の他，次の規格でも導入されている。スペイン規格；UNE-ISO 31000（2010），UNE-ISO 31010（2010）。カナダ規格；CAN/CSA ISO 31000（2009）。
＊日本（JISC）では，JIS Q0073（2010）/ISO GUIDE 73，JIS Q31000（2010）/ISO 31000が導入規格として制定されている。

　すなわち，初版は両国際標準化機関が認めたガイドであったが，改訂版はIEC（国際電気標準会議）側との同意が得られなかったため，ダブルロゴの共同発行には至らなかったのである。この改訂経緯については，同ガイドの邦訳規格にあたるJIS Q0073（2010）の解説[12]に示されている。今回の改訂は，環境や金融分野における「リスク」概念も含んだ包括的な「リスク」概念で捉え直

そうとしたものであった。すなわち，「リスク」には，好ましくない影響だけではなく，好ましい影響の側面も存在することを認めようとの考え方であった。しかし，電気・電子技術分野の国際標準化機関であるIECは，1つの重要な概念である「安全」議論において，「リスク」は好ましくない結果だけを問題とする場合にしか用いることがなく，逆に好ましい側面が存在することはあり得ないとの見解だったのである。そのため，「リスク」の概念を定義するという最初の議論の段階で不一致がみられ，IEC側の同意は得られなかったのである。

　結果的には「リスク」を初版では「事象の発生確率と事象の結果の組み合わせ（combination of the probability of an event and its consequence）」であったものが，2009年版では「目的に対する不確かな影響（effect of uncertainty on objectives）」と改訂されたのである。

　Aven（2010）[13]は，この「リスク」の定義に関して，オーストラリア規格であるAS/NZS 4360（2004）[14]との比較議論を行っている。すなわち，AS/NZS 4360では「リスク」を「当初の目的に影響を及ぼす何らかの機会（the chance of something happening that will have an impact upon predefined objectives）」としており，ISOが不確かさをリスクの基本とする考え方なのに対し，AS/NZS 4360（2004）は発生確率や起こりやすさ（likelihood）をリスクの基本においている点に違いがあるとしている。しかし，反面「リスクマネジメント」に，相反する状態のバランスをとるツールとしての価値を見出しており，決してリスクの好ましい側面のみを同定すべきとは指摘していない。目的をどう設定するかによって，リスクの大きさや特性には差があってもいいという見方である。

（2）ISO 31000（2009）

　ISO 31000（2009）は，組織がリスクマネジメントを導入する場合の原則と指針を示す規格である。このような意図の規格は，製品やサービスの仕様を定めるものではなく，ISO 9000シリーズのようなマネジメントシステム規格の特徴を有する。このISO 31000（2009）作成議論の発端の1つはオーストラリアのリスクマネジメント規格であるAS/NZS 4360の初版（1995年版）であり，当初はIECで導入の検討が行われたとされる。[15]しかし，その後議論の場がISOに移り，4年間の検討期間と7回のドラフト提示の末，より広い分野における意思決定のツールとして有効なものとして完成された。[16]

第6章　リスクマネジメント規格と社会的責任規格

　議論の場がISOに移ったことでむしろよかった点に，上述のISO Guide 73 (2009) 議論にみられるように，マネジメントプロセス重視の視点を安全に限定されない幅広い分野で利用可能なものにしたことがある。このことが，リスクマネジメントが分野を問わず世界語になっていることを反映している。
　ISO 31000 (2009) は，組織が全社的または部門管理としてリスクマネジメントを導入する場合の指針であるが，認証規格との位置付けではない。リスクマネジメント，特にステークホルダーに対して適切にリスクマネジメントを行っていることを示す枠組みは必要であるが，その枠組みは必ずしも第三者機関による認証である必要はないとの考えからである。複数のステークホルダーに対して，どの段階でどのような意思決定を行い，どのような情報開示や説明責任が必要かという問題は，組織の形態や法的な枠組み，さらには，認証コストの面などから，ここでは特に限定されなかったのである。
　ISO 31000 (2009) は，組織がリスクマネジメントを導入し，履行する場合のフレームワークを示している。このフレームワークは，特定の事業部門にリスク管理部門を配置したり，組織が有するすべてのリスクを統括的に１つの部門で管理する集中管理型のマネジメントシステムを意図したりするわけではない。トップの指令やコミットメントは頂点に存在し，トップの責任は間違いなく存在するが，リスクを管理運用する仕組みは，全社的に統括しても各部署で別々に機能したとしてもよいとしている。現実的には，組織がかかえるすべてのリスクの管理を一箇所で集中管理することは不可能であるため，各部署や部門で事業計画の規模や大きさに応じて最適リスクマネジメント・プロセスを回し，それをさらに統括的にモニターし，評価できるシステムを目指しているのである。この関係が図表6－2に示すフレームワークとプロセスである。
　このフレームワークとプロセスをどう理解し，導入すべきか。次の点が指摘できる。
　①メインシステムとサブシステム
　②コミュニケーションと協議の理解
　まず，フレームワークとプロセスをみると気がつく点であるが，両方にモニタリングとレビューが存在する。これは，サブシステム，すなわち個別部門やプロジェクトなどの最小単位でもモニタリングしながらリスクマネジメントを行い，さらにトップのもと，各サブシステムで実行中のリスクマネジメントを

図表6-2　ISO 31000（2009）のフレームワークとプロセス

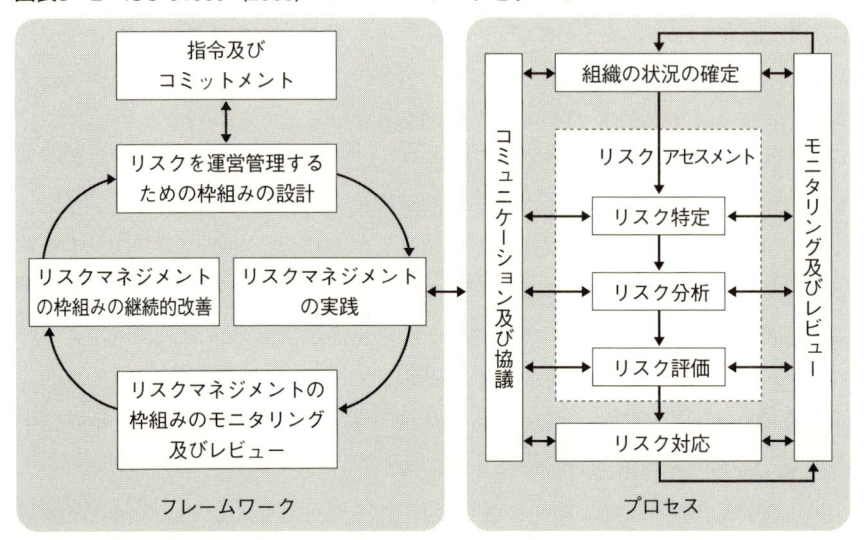

フレームワーク側：指令及びコミットメント → リスクを運営管理するための枠組みの設計 → リスクマネジメントの実践 → リスクマネジメントの枠組みのモニタリング及びレビュー → リスクマネジメントの枠組みの継続的改善

プロセス側：組織の状況の確定 → リスクアセスメント（リスク特定 → リスク分析 → リスク評価）→ リスク対応。両側面にわたって「コミュニケーション及び協議」と「モニタリング及びレビュー」。

出所：ISO 31000対訳版から作成。

総括的に監視し，モニタリングするという構造である。これがマネジメントシステムとして組み込まれるべき点である。

次に，図表6-2の右側に示されるプロセス図には，「コミュニケーションと協議」が示される。この概念は，AS/NZS 4360の1999年版にも示されている（初版は1995年版で，1999年版は最初の改訂版，その後2004年にも改訂版が発行された）。共通して示されるのは，ステークホルダーへのリスク情報の開示や意思決定の理解を可能にすべきとの考え方である。しかし，いずれのプロセス図も，コミュニケーションと協議の結果をリスクマネジメントのループの外に位置付けている。すなわち，リスク処理を行った後にリスクマネジメント計画の変更がないかを確認する必須のプロセスとはしていないということである。組織は，常に内外のステークホルダーにリスク情報や意思決定への理解を得るように努力すべきとはしているが，その結果をリスクマネジメントにフィードバックすることを必ずしも前提にはしていないのである。

ISO 31000（2009）では，さらにこのコミュニケーションの双方向性を，ステークホルダーの理解度や関心の度合いを知るためのアクションとしても位置付けしている。すなわち，ステークホルダーとのダイアログは組織の戦略上も

有効なことを含意しているのである。この概念は，後述する社会的責任論においても重視される。

（3）IEC/ISO 31010（2009）

　この国際規格はISO 31000（2009）の支援規格という位置付けであり，リスクアセスメント手法についての規格である。また，この規格は，電気，電子分野の国際標準化機関であるIEC（国際電気標準会議）との共通ロゴのスタイルで制定されたものであり，示されるリスクアセスメント手法も安全・技術分野で用いられる手法を中心としており，これにどの分野でも共通に使用できるものが追加されている。

　図表6－3は，リスクアセスメント手法が扱われる各国の規格間の引用状況を示すものである[17]。リスクアセスメント手法が扱われる規格には，包括的なものがなく，それぞれ特定の分野ごとに用いられている，または推奨される手法が示されている。医療分野（EN 1441），プロジェクトマネジメント分野（IEC 62198，BS 6079），金融・経営分野（CAN/CSA Q850，AIRMIC），損害査定分野（NF FD X50）などの規格では，各々の分野で用いられる手法が中心である。分野を限定しないで組織がリスクマネジメントを導入する場合の規格にはAS/NZS 4360があるが，示される分析手法は分析のタイプについての記述のみであり，「定性的な分析」，「準定性的な分析」及び「定量的な分析」と分類されるだけであった。唯一示される具体的な分析手法は感度分析だけである。BS 31100（2008）はISO31000（2009）を意識した規格構成とみることができ，包括的にリスクマネジメント手法を具体的に示している。しかし，これらを踏まえても，IEC/ISO 31010（2009）は，意識的に経営や金融分野で用いられる手法については触れていない構成となっている。

図表6-3　各規格で扱われているリスク分析手法

手法	NF FD X50-252 (2006)	EN 1441 (1998)	CAN/CSA-Q850 (1997)	BS 31100 (2008)	AIRMIC, et al. RM Standard (2002)	AS/NZS 3931 (1998)	AS/NZS 4360 (1999)	IEC 62198 (2001)	BS 6079-3 (2000)	IEC/ISO 31010 (2009)
故障モード影響解析(FMEA／FMECA)	○	○	○		○	○				○
操作ハザードスタディ(HAZOP)	○	○	○	○		○				○
HACCEP										○
what-if 法	○		○							○
故障の木解析(FTA)	○	○	○	○	○	○			○	○
事象の木解析(ETA)	○		○	○	○	○			○	○
特性要因図分析	○			○						○
Root Cause Analysis (RCA)										○
Cause-consequence Analysis										○
Cause-and-effect Analysis										○
Layers of Protection Analysis (LOPA)										○
デジションツリー解析									○	○
Bow Tie Analysis										○
フローチャート，プロセスマップ				○						
仮定分析 (Assumptions Analysis)									○	
環境毒性分析 (Toxicity Assessment)										
Dependency Modeling					○					
共通モード故障分析						○				
クリティカルパス分析				○						
PPM（プロジェクトプロファイル法）				○						
リスクモデリング（モンテカルロ法）				○			○		○	○
Bayesian Statistics and Bayes Nets										
ストレステスト				○						
感度分析				○				○	○	
リスクブレークダウン（階層）構造				○						
パレート分析／ギャップ分析				○						
累積度数図（Sカーブ）									○	
CRAMM				○						
リスク・インデックス										○

第6章 リスクマネジメント規格と社会的責任規格

	NF FD X50-252 (2006)	EN 1441 (1998)	CAN/CSA-Q850 (1997)	BS 31100 (2008)	AIRMIC, et al. RM Standard (2002)	AS/NZS 3931 (1998)	AS/NZS 4360 (1999)	IEC 62198 (2001)	BS 6079-3 (2000)	IEC/ISO 31010 (2009)
ハザード・インデックス										
Consequence/Probability Matrix										○
FN Curves										○
Influence Diagrams								○		
歴史からの類推			○				○			
統計的類推				○						
リスクデータベース				○				○	○	
専門家の判断			○					○		
観察調査			○							
インタビュー				○				○		
Structured Interviews								○		○
質問票				○						
チェックリスト法				○			○		○	○
カテゴリーランキング							○			
ブレーンストーミング				○				○	○	
ビジュアルテクニック				○						
Probability and Impact Grid				○						
ワークショップ				○						
予備的リスク／ハザード分析(PHA)	○						○			○
デルファイ法				○			○		○	○
Nominal Group Technique				○						
Prompt Lists									○	
人間信頼性分析(HRA)							○			○
信頼性ブロックダイヤグラム							○			
Reliability Centred Maintenance										○
シナリオ分析				○						○
リスク不確実下の意思決定						○	○			
脅威分析						○				
Sneak Analysis／Sneak Circuit Analysis							○			○
Markov Analysis										○

	NF FD X50-252 (2006)	EN 1441 (1998)	CAN/CSA-Q850 (1997)	BS 31100 (2008)	AIRMIC, et al. RM Standard (2002)	AS/NZS 3931 (1998)	AS/NZS 4360 (1999)	IEC 62198 (2001)	BS 6079-3 (2000)	IEC/ISO 31010 (2009)
対比較分析					○					
SWOT 分析				○	○					
(B)PEST 分析／PESTLE 分析				○	○					
リスクマッピング／リスクプロファイル				○						
ステークホルダーマッピング				○						
Multi-criteria Decision Analysis										○
Business Continuity Planning					○					
Consequence Models					○					
キャッシュフロー分析				○						
ポートフォリオ分析				○						
コストベネフィット分析				○						○
効用理論(ユーティリティセオリー)				○						
期待値法				○						
リスク分類法(Risk Taxonomy)				○						
リスクインジケータ										
市場サーベイ					○					
市場予測					○					
テストマーケティング					○					
R&D					○					
ビジネスインパクト分析					○					○
リアルオプション法					○					

備考：表に示される規格番号の詳細は以下の通りである。

    NF FD X50-252(2006)；Risk management - Guidelines for risk estimation.
    EN 1441(1998)；Medical Devises；Risk Analysis.
    CAN/CSA-Q850(1997)；Risk management：Guideline for decision-makers.
    AIRMIC, IRM, ALARM(2002)；A Risk Management Standard.
    AS/NZS 3931(1998)；Risk analysis of technological systems - Application guide.
    AS/NZS 4360(1999)；Risk management.
    IEC 62198(2001)；Project risk management – Application guidelines.
    BS 6079-3(2000)；Project management –Guideline to the management of business project risk.
    IEC/ISO 31010(2009)；Risk management - Risk assessment techniques.

3 社会的責任規格にみるステークホルダーへの説明責任

　ISO 31000(2009)は組織がリスクマネジメントを導入する場合の指針であり，その序文では広範なステークホルダーのニーズを満たすことがこの規格の意図であることを示している。そして，同国際規格の各所に内外のステークホルダーとのコミュニケーションの必要性を説いている。リスクマネジメントは，組織のリスクを管理するものであるが，同時にステークホルダーへの影響力を無視して実行すべきではないことも示している。すなわち，リスクマネジメントとは，内外のステークホルダーとのコミュニケーションツールとしても位置付けられているのである。

　企業の社会的責任，すなわちCSR（Corporate Social Responsibility）に関する規格や行動規範が多く存在する[18]。ISOにおいても2010年に企業に限定されない組織の社会的責任に関する規格が制定され，その序文で組織はステークホルダーとともに社会的責任を強く認識し，持続可能な発展に貢献することが社会的責任の目的であることを示している[19]。そして，その第一原則として，影響を受ける人々に対して，経済面などで重大なマイナスの影響がある場合の説明責任を説いている。

　ISO 31000 (2009) は，ステークホルダーとのコミュニケーションを，企業の活動によって影響を受ける者からリスク情報や意思決定に関する理解を得るための取り組みと位置付けしている。そして，同じくISOの社会的責任論も，ステークホルダーにマイナスの影響がある場合の説明責任を強調しており，目的も役割も同じものである。規格の趣旨が異なっていても，共通して組織に求められるプロセスである。この節では，この共通的な課題について社会的責任規格の側から検討を行う。

3-1 社会的責任規格の制定状況

社会的責任に関する国際規格や国家規格の制定状況は，以下の通りである。

国際規格

ISO 26000（2010）；Guidance on social responsibility.

ISO/IEC 38500（2008）；Corporate governance of information technology.

オーストラリア規格

AS 8003（2003）；Corporate social responsibility.

AS 3806（1998）；Compliance programs.

英国規格

BS 8900（2006）；Guidance for managing sustainable development.

フランス規格

FD X30-023（2006）；Sustainable development −Social responsibility −SD 21000 application document−Guide for the identification [and the hierarchical organization of the stakes of sustainable development.]

FD X30-027（2010）；Sustainable development −Social responsibility − Render credible an ISO 26000-based social responsibility approach.

FD X50-789；AC X50-789（2011）；Training course for students and employees within the framework of the corporate social responsibility - Innovative pedagogy to develop their corporate social responsibility within the framework of the corporate social responsibility: Pedagogy ICSR (Individual Corporate Social Responsibility).

オーストリー規格

OENORM S 2502（2009）；Consulting service for corporate social responsibility.

ON-V 23（2004）；Corporate Social Responsibility - Procedure instruction for the implementation of social responsibility in companies

(CSR Guide)．

　上記のように，社会的責任に関する規格には，総括的な規格（ISO 26000 (2010)，AS 8003（2003））,持続可能な発展の視点で作成させたもの（BS 8900 (2006)，FD X30-023 (2006)，FD X30-027 (2010)），コンプライアンスやガバナンスの視点で作成されたもの（ISO/IEC 38500 (2008), AS 3806 (1998)）と導入時の参照規格的文書（ON-V 23 (2004)）が存在する。本節では，以上の中から総括的な2規格であるISO 26000 (2010)とAS 8003 (2003)に着目する。

3-2. ISO 26000（2010）にみる社会的責任と説明責任

　ISO 26000（2010）は社会的責任に関するものであるが,対象を企業（Corporate）に限定していないことからCSR活動ではなく，SR活動と表記されている。この国際規格では「社会的責任」を次のように定義している。すなわち,組織が，倫理的に，持続的な発展及びステークホルダーへの期待に配慮しながら，法令を遵守し，国際的な行動規範のもと持続可能な発展に貢献することであり，そうすることで社会や環境に対する影響を踏まえた意思決定や，行動をすることである。具体的には，次頁の図表6－4に示すように，組織は，人権や労働慣行などの6つの中核的な課題を，説明責任や透明性などの7つの基本原則のもと，倫理的に貢献する統制環境（ガバナンス）を作り，履行することが求められる。

　ISO 26000（2010）における説明責任は，支配権を有する株主や法的義務を負う行政への説明責任以外に，組織の意思決定や行動が影響を及ぼすステークホルダーに対するものと記されている。そして，それがどのようなときに必要であるかについても明示している。すなわち，①影響，特に重大なマイナスの結果，②過失や予測できなかったマイナスの影響の再発防止のためである。いずれも，それが社会，環境または経済に対してマイナスの影響を及ぼす場合と明示しており，さらにその事実の説明だけではなく，その後の影響を軽減するための説明責任もあるとしている。すなわち，説明責任とは関係者へのリスク情報の説明なのである。このことを，ISO 26000（2010）では，不正を正し，不正行為を牽制する力になるとも記しており，リスクマネジメント規格では，

図表6−4　ISO 26000（2010）の枠組み

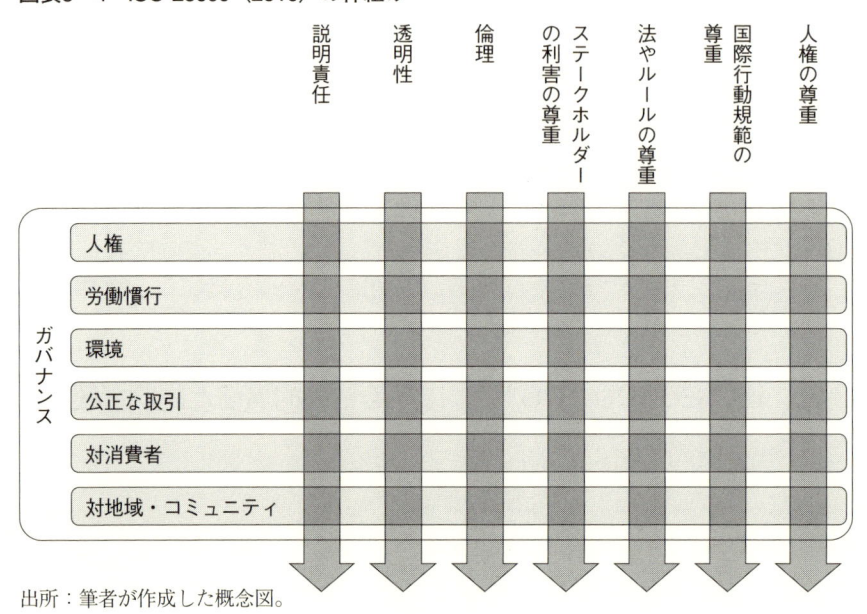

縦書き見出し（右から左）：人権の尊重／国際行動規範の尊重／法やルールの尊重／ステークホルダーの利害の尊重／倫理／透明性／説明責任

ガバナンス
- 人権
- 労働慣行
- 環境
- 公正な取引
- 対消費者
- 対地域・コミュニティ

出所：筆者が作成した概念図。

ステークホルダーへの損害などの影響を軽減するための施策と位置付けしている。この社会的責任規格ではそれをさらに発展させ，予防策の1つとも捉えており，リスクマネジメント規格よりも広い視点で社会システムの問題を取り上げている。

3-3. AS 8003（2003）にみる社会的責任と説明責任

　AS 8003（2003）は，ISO 26000（2010）よりも早い時期に作成されたオーストラリア規格であり，CSRのCすなわち企業（Corporate）を対象とした社会的責任の規格である。この規格では，企業の社会的責任を，法令等の規範を遵守しながら，社会及び環境に対する配慮を行うための枠組みとしており，その枠組みを構築するために，ステークホルダーとの相互関係を重視すべきとしている。

　AS 8003（2003）に示される社会的責任の枠組みは，図表6−5のようになる。達成または配慮すべき中核的課題は，ISO 26000（2010）とほぼ同等であるが，

図表6-5　AS 8003（2003）の枠組み

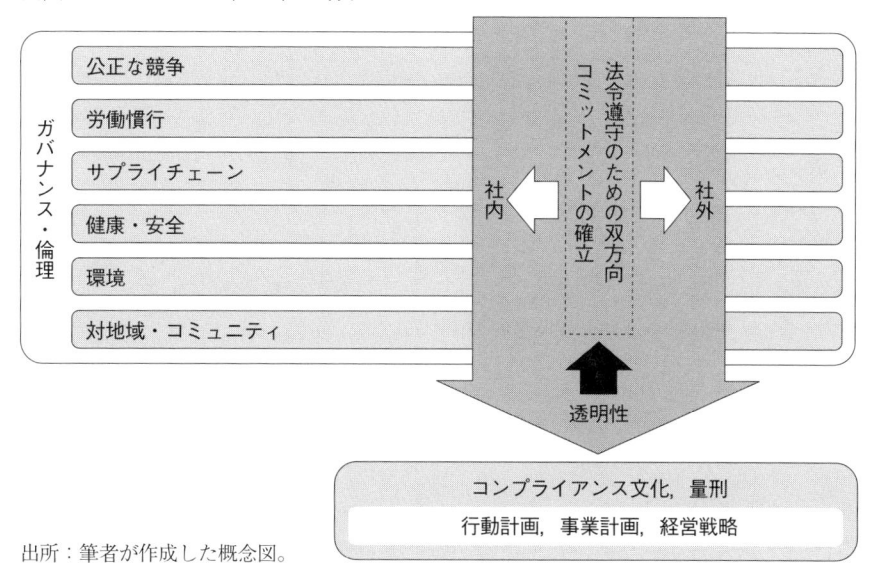

```
┌─────────────────────────────────────────────┐
│         │ 公正な競争        │                │
│ ガバ    │ 労働慣行          │   法令遵守    │
│ ナンス  │ サプライチェーン  │  のための     │
│ ・倫理  │ 健康・安全        │ 社内 ⇦ 双方向 ⇨ 社外 │
│         │ 環境              │  コミット     │
│         │ 対地域・コミュニティ│  メントの確立 │
└─────────────────────────────────────────────┘
                    ⇩ 透明性
        ┌─────────────────────────────┐
        │ コンプライアンス文化，量刑  │
        │ 行動計画，事業計画，経営戦略│
        └─────────────────────────────┘
```

出所：筆者が作成した概念図。

そのための原則として法令遵守を強調している。この枠組みを達成するためには，社内外のステークホルダーとの双方向のコミットメント，すなわち透明性とコミットメントのフィードバック・プロセスが必要とされている。この点は，ISO 31000（2009）においても同様である。その企業が行っていること及び計画していることを，社内からも社外からも見えるようにして，なおかつコミットメントを正式に受けとめることで，公正な事業を展開するシステムを構築することを求めている。すなわち，透明性を確保することが法令違反への牽制力となり，公正な商取引，適正な労働慣行，環境への配慮などの社会的責任を果たす基盤を作るとの考え方である。

3-4. 社会的責任規格と消費者に対する安全問題について

（1）社会的責任規格と対消費者の問題

内外のステークホルダーとのコミュニケーションは，ISO 26000（2010）では説明責任，AS 8003（2003）では透明性とコミットメントという表現で示されている。双方向性が明確であるのはAS 8003（2003）であるが，説明される

べき情報がマイナス情報であることと明示しているはISO 26000(2010)である。この意味では，ISO 26000（2010）の方がリスクマネジメントの視点に近いといえる。すなわち，AS 8003（2003）は，組織が社会的に認められない行いをしないための牽制力としてCSRを捉えてはいるが，ステークホルダーの利害を守ったり，損害を軽減したりすることを直接的には明言していないのである。AS 8003（2003）は組織自体のCSRシステムをマネジメントシステムとして構築するための規格であるが，ISO 26000（2010）は観念的に組織のあるべき姿の哲学を示している規格であるといえる。このあるべき姿とは，ステークホルダーの利害の尊重，その中でも特に損害やマイナスの影響を軽減する組織の姿なのである。

　では，ここで，両社会的責任規格が求めているコミュニケーションの姿の違いを，1つのステークホルダーである「消費者」に限定して考えてみたい。なぜなら，本書の目的の1つに新しいリスクマネジメントの経営的側面における対外的な戦略の方向性があるからである。本書の各章ではこの問題をそれぞれの視点で展開しているが，本章では，次節に示すように，グローバル化が急速に進んでいる市場経済下における製品安全対策が，企業の風評問題となり，リコールが甚大な衝撃となって企業戦略の前に立ちはだかる問題となっているからである。たとえ企業にとっては，消費者が最も影響力のあるステークホルダーでなかったとしても，顧客である以上，企業戦略上は予防的及び事後的にリスクマネジメントの対象領域として重視すべき存在である。

（2）消費者の保護議論の位置付け

　ISO 26000（2010）は，消費者をどう位置付けし，情報開示の対象としているだろうか。ISO 26000（2010）は，図表6－4に示したように，6つの中核的課題の1つに対消費者の問題を位置付けしている。同規格では，消費者を製品またはサービスの購入者及び利用者とし，公正な情報開示や弱者保護の配慮などの基本的な責任と，製品リスクを最小化するための責任について具体的に述べている。そこでは，製品リスクとは，設計時などの販売前の安全管理と販売後のリコール手続きのことであるとしている。

　同規格は，企業に限定されない社会的責任に関するものであり，消費者に対するこのような製品安全上の責任を国家に対しても課している。すなわち，製

品被害からの消費者の保護は，企業に対して安全な製品の製造・供給を求めるだけではなく，それを国家が法制度や行政の仕組みの中で取り組んで，規制や政策などで促進する責任があることも述べている。製品の安全問題は，企業の社会的責任の枠を超え，国家による法的責任も課さなければ実現が不可能であるからである。このことは，国連消費者保護ガイドライン（1999）[20]においても示されている。

　同規格は，影響を受けるステークホルダーとの対話（エンゲージメント）を強調しているが，消費者以外のステークホルダーについては特に限定して論じてはいない。それは，この国際規格がもともと工業製品の標準化を目的とした機関によって作成されたからであり，その視点を尊重しているからであるとみられる。そのため，同規格の中核的課題として，労働者の保護，人権の尊重，公正な国際的な商取引の問題などは取り上げられているが，特に各々のステークホルダーを特定して議論はしておらず，国際労働機関（ILO），国連（UN），経済協力開発機構（OECD）など各々の専門の機関における議論を紹介しているに過ぎないのである。以上のような背景から，同規格では，ISOという工業製品を主対象とした国際標準化を論ずる場で議論すべきステークホルダーとして消費者を重視しているとみるべきである。

（3）消費者の保護と権利

　では，企業が提供する製品やサービスを購入・利用する消費者の保護とはどのようなことをいうのであろうか。ISO 26000（2010）では，先にみたように，消費者を，企業の重要なステークホルダーと位置付けしていると同時に，その保護の責任は国家にもあると位置付けしていた。製品リスクからの消費者の保護はそれほど単純ではないからである。なぜなら，同一製品であっても生活環境が異なれば，販売・流通・使用のされ方も異なり，危険な製品であることが発覚しても，その情報が別国に伝わらなかったり，また安全に関する定義や理解の仕方が異なったりして，法制度や危険回避対策にも違いが出てくるからである。近年のように，市場がグローバル化し，複雑な生産体系や流通状況が日夜変化している環境では，企業だけの判断や責任による行動はむしろリスクを増大させかねない。以上のことから，消費者が保護されるべきとの問題は国際的なレベルでの議論が必要になるのである。

では，消費者がどのように保護されるべき存在であるかについて考える。消費者の保護議論は，1962年に米国ケネディ大統領によって唱えられた消費者の4つの基本権利（ケネディ教書）[21]にその原型をみることができる。わが国では，消費者保護基本法（1968）が2004年に消費者基本法に名称が変更され改正された際に，条文中（第2条）に消費者の権利が明示されるようになった。この2004年の法改正時には，消費者保護の視点だけではなく，自立する消費者が求めらるとの視点からも権利が示された。ケネディ教書では，①安全を求める権利，②知らされる権利，③選択する権利，及び④意見が反映される権利の4つの権利を示している。しかし，日本の消費者基本法ではさらに，⑤需要が満たされる権利，⑥健全な生活環境が確保される権利，⑦教育の機会を得る権利，及び⑧被害が救済される権利が追加されている。

消費者の権利については，上述の国連消費者保護ガイドラインにおいても示されており，これにISO 26000（2010）のものを加えて，消費者の権利の概要をみてみると，図表6-6のようになる。この図表は，ISO 26000（2010）が，

図表6-6　消費者の権利の対応状況

		ケネディ教書 (1962)	日本 消費者基本法 (2004)	UN 消費者保護 ガイドライン (1999)	ISO 26000 (2010)
1	安全の権利	○	○	○	○
2	知らされる権利	○	○	○	○
3	選択する権利	○	○		○
4	意見反映の権利	○	○	○	○
5	需要を満たす権利		○		
6	健全な生活環境の権利		○		○
7	持続可能な消費生活の権利			○	
8	教育の権利		○		○
9	救済される権利		○		○
10	利益の保護と促進			○	
11	プライバシーの尊重				○
12	予防原則				○
13	男女平等・女性の地位向上				○
14	ユニバーサル・デザイン				○

消費者をどのように位置付け，配慮すべきとしているかを考える基本となる。同規格は国際法的な位置付けではないため，標準化機関の代表達による議論によってコンセンサスが得られた文書である。しかし，基本となる権利は，国連消費者保護ガイドラインなどの国際的に認められた公表文書をベースとして作成されている。同規格の特徴は，図表6-6中の通し番号11以降に示される消費者の権利に付随する追加原則にある。性差別の排除や弱者への配慮に加え，個人情報の保護や予防的観点での先取り的安全対策を考慮したものであり，いずれも消費生活の安全問題を議論する際，他の法律や文書では見かけない新しい考え方である。

（4）消費者保護の中の製品安全対策

ISO 26000（2010）では，消費者の保護問題における製品安全方策として次の点をあげている。

①製品は安全であるべきである（許容できないリスクがないこと）
②安全は，意図された使用上だけではなく，予見可能な誤使用の領域でも確保されるべきである
③説明書には，組み立て，保守及び安全利用上の注意事項を明記すべきである
④安全は，安全基準を遵守していればよいというものではない
⑤安全確保には，設計時の潜在リスクの予見と，販売後の是正措置（リコール）の確保も含まれている

販売後の安全管理についてさらに言及されており，是正措置（リコール）の必要性を次のように示している。

販売後の危険　　　　　　　→　是正措置
・予見しなかった危険（事故）　・販売の停止
・重大な欠陥　　　　　　　　　・流通中の製品の回収
・誤ったまたは虚偽の情報　　　・利用者の手元の製品の回収
　　　　　　　　　　　　　　　・消費者が被った損失の補償

販売後の危険の欄は，リコールのトリガーとなる危険の定義を示している。米国の消費者製品安全法では，安全基準の不遵守，危険（不合理な危険のあるリスク）の発覚，事故の発生の報告がトリガーとなり，リコールの実施の判断がなされる[22]。日本の消費生活用製品安全法では，重大事故の発生を国に報告することが発端となる。いずれも，国や社会への説明責任が安全の上でも最優先すべきことを示している。そして，そこで求められるのは，事実の報告だけではなく，どのように消費者のリスクを軽減するかという是正措置の内容である。

是正措置，すなわちリコールは，販売後に危険が発覚した場合の措置であり，消費者に危険を伝え，利用の中止と回収への協力を要請するものである。このことはまさにステークホルダーである消費者に対するダメージの軽減・防止対策である。同規格では，社会的責任を履行する上での第一基本原則として，ステークホルダーに対してマイナスの影響を与える場合，そのリスクについての情報，そしてダメージを軽減・防止するための情報の説明責任があることを述べており，まさに合致するものである。

また，特筆すべきは，同規格の是正措置の欄の「消費者が被った損失の補償」との記述である。日本におけるリコールの考え方では，道路運送車両法，薬事法，食品衛生法，消費生活用製品安全法などによって各々所管する製品に対するリコール義務を定めているが，この「補償」については言及されていない。また，米国における消費者製品安全法に基づくリコール制度や[23]，EU指令（GPSD）[24]に基づくリコール制度でも同様である。これらの法制度におけるリコール議論は，いずれも行政側の責務としての危険拡大の防止策の視点でまとめられており，すなわち，事故防止を最優先する考え方である。そのため，事業者への責務は法的に履行され，行政側と事業者の視点で議論され，消費者の利益や損害への補償については明確にされていないのである。

ISO 26000（2010）は，消費者を危険から保護すべき被害者とみるのではなく，ステークホルダーの１人として，利益を保護すべき対象とみている。通常のリコールは，事故さえなければ，新品に交換したり，修理して使える状態したりすることで事業者側の義務は果たされたとして決着する。しかし，消費者側は，危険があったまま使用していた事実，それまでの不良や欠陥下での使用の不満，リコール情報に応じて製品の利用を停止したことによる日常生活への影響，梱包などの回収の手間などに関して，法的にはまったく配慮されず，自主的に事

業者の回収に協力する存在とみなされる視点しかなかったのである。以上の議論から，同規格でいう「補償」は，事故でのけがに対する補償，及び新品への交換や修理という意味での商品価値の補償に留まっており，回収に協力する消費者の権利にまでは踏み込んでいないとみることができる。このような議論を行わなければ，通常のリコールでの回収率（推定10～20％）が上がることはないのかもしれない。同規格がリコールの規格として作成されたものではなく，社会的責任の規格として作成されたことで，始めてそのような視点での議論が可能になるのであれば，この規格自体の存在意義は極めて大きい。

（5）AS 規格にみる消費者保護と製品安全

　AS 8003（2003）は，企業内に明確な方針のもと，社会的責任文化を熟成・維持し，内外からの監視・評価を可能とするCSRプログラムの構築を目的としている。その中核的課題は，図表6－4に示したように公正な競争や労働慣行など6テーマである。中核的課題は，ISO 26000（2010）とほぼ同じであるが，ISO 26000（2010）には明示されている対消費者の問題はAS 8003（2003）には示されていない。AS 8003（2003）はステークホルダーを具体的に述べているが，消費者ではなく，顧客（Customers）である。消費者も顧客に含まれはするが，顧客という広い概念では，消費者の「専門知識がなく」，「1体1での商取引関係ではない」という特徴を具現化して議論できない。AS 8003（2003）における社会的責任の定義には，消費者への説明責任や危険な製品による消費者の事故の防止について，明確に言及されてはいないのである。しかし，企業の社会的責任の課題は，企業や業種によって異なり，必ずしも消費者を直接的な顧客としない業種も多く存在することから，消費者用製品の取り扱い事業者に限定すべきとはしていないのであろう。

　では，社会的責任の基本原則であるコミュニケーションに関してはどうであろうか。AS 8003（2003）が強く求める透明性や内外のコミットメントの重視は，企業の不祥事や欠陥問題や贈賄などの隠蔽に対する牽制力となることを目的としている。そのため，偽った情報を開示したり，消費者の保護を考えない方策をとったりすることに対しても十分牽制力となりうる。同規格では，ステークホルダーとの対話を製品や活動の実施前，実施中，及び実施後に行うべきことを強調しているが，この考え方はまさに消費者対策にも適用できる。すなわち，

販売前及び販売後における説明責任であり，製品の安全管理にあてはまるものである。AS 8003（2003）が開示され，透明性が求められるべきとする情報は，ISO 26000（2010）のようにステークホルダーにマイナスの影響を与える情報とは限定していない。しかし，コミットメントによって形成される監視や評価は，不良品問題や不適切な消費者対応に対する社会の目として十分機能するはずである。

4 企業の製品安全対策と規格

4-1. 組織の中核的課題としての製品安全の問題

　リスクマネジメントを組織が導入する場合の指針であるISO31000（2009）は，内外のステークホルダーとコミュニケーションを図り，彼らの立場に配慮しながら，組織の価値を創造し，保護するためのツールとしての役割を有する。その具体的なフィールドは，ISO 26000（2010）と同様の中核的な課題の場であり，安全衛生，製品品質，環境対策，法令遵守などであることも示されている。ISO31000（2009）は，リスクをマネジメントすることで，それらの中核的な課題を達成しようとしている。ISO 26000（2010）も，説明責任や透明性，ステークホルダーの利害を尊重し，さらに，社会規範となる行為を行うことで達成しようとしている。いずれにしても，事後処理的で消極的なものではなく，積極的に組織の文化やマネジメントシステムを構築することで達成すべきとしている。

　ならば，消費者の保護，特に製品安全対策という中核的課題に対して，両規格のアプローチに違いがあるのであろうか。この点については，前節で，消費者の保護を目的としたコミュニケーションという視点で述べた。消費者は外部のステークホルダーであり，重要な顧客の1人である。ISO 26000（2010）は，消費者の保護を重要な課題とし，具体的に販売前のリスクアセスメントと販売後のリコール等の是正措置の在り方にまで言及している。これはまさにリスクマネジメントのプロセスを踏襲している。リスクマネジメント規格であるISO31000（2009）は，製品安全の問題は組織がかかえる中核的課題の1つと

捉えているが，消費者に特化したコミュニケーションの在り方については明確に言及していない。両規格に共通していえることは，消費者というステークホルダーへの対応の在り方が組織の価値を向上または維持することにつながっているという視点である。

本節では，いずれの国際規格においても重要視している課題である消費者の保護，すなわち製品安全の問題について，さらに掘り下げて検討する。製品安全問題を取り巻く制度的背景と関係規格や指針類が呈する問題点について述べ，実質的に存在する企業の製品安全のリスクマネジメントの難しさの側面について述べたいからである。難しさがあるからこそ，国際規格などの規格や指針類が果たす役割について再考して欲しいからである。

4-2. 製品安全問題の制度体系的な捉え方

本節では，企業が直面する製品安全対策の問題を政策等の制度的な面から概観する。

わが国における製品安全の政策は，ＦＦ式石油暖房機やガス燃焼機器による死亡事故やリコール問題を背景に，2007年に消費生活用製品安全法が改正され，製品事故報告の届け出が義務付けられたことで新たな時代に入ったといえる。2009年には，製品事故を含む消費者政策の一元化を目的として消費者庁が発足した。これらの政策の新しい流れは，一般消費者が製品事故によって被る生命や身体への危害のリスクが，深刻化，複雑化，多様化しながら，増加傾向にあることを示している。

欧州においても，欧州域内の製品安全政策の統一を目標に，2001年に一般製品指令（GPSD；the General Product Safety Directive, 2001/95/EC）[25]が公表され，欧州域内における危険な製品の流通を禁止した。さらにこのEU指令に基づいて2004年には，危険な製品の域内での情報共有を目的とした緊急情報システム（RAPEX）[26]が設けられ，欧州域内で別国に流通する可能性のある製品のリコール情報を一括して公表するシステムを構築し，すでに機能している。このような取り組みによって，欧州域内における危険な製品の流通の実体が明らかとなってきた。加盟各国からRAPEXに報告された危険な製品の通知件数は，2003年には139件であったものが，毎年増加しており，2008年には1866

件となっている。[27]

　以上のように，消費者保護のための制度的取り組みは進んできているが，危険な製品による事故リスクは増加傾向にある。このことから，近年では危険な製品の流通後の是正措置対応だけではなく，流通前の段階，すなわち設計の段階におけるリスクアセスメントも重視されるようになってきた。しかし，問題はリスクアセスメントの方法であり，判断基準の標準化である。リスクアセスメントはあくまでも危険の予測と評価によるものであるが，どのような手法や判断基準を採用するかによって危険の程度に差がでてはならない。すなわち，リスクアセスメントをする人，国または企業によって危険の判断が異なると，[28]同国内であっても安全への共通理解や対策に差異を生み出し，製造業者のみならず，消費者や流通・販売事業者に混乱や不安を生じさせる。以下では，この問題をもう少し踏み込んで検討する。

4-3. 安全の問題におけるリスクアセスメントの位置付け

　企業は，販売前の設計・製造段階において，事故を起こす可能性がある危険な製品を出荷するであろうか。また，企業は，絶対的に安全な製品というものは存在しないことも知っている。企業は，どのくらいの危険性（事故の重篤度）が，どの消費者層に，どれくらいの確率で想定できるかを，コストとの関係でバランスをとらざるを得ないのが実状であろう。誰もが安全な製品を普通に欲するであろうが，購入価格が選択できる場合は，支払える金額に限界はある。企業も，より安全な製品でないと売れないとは思っていない。そこで，各々の企業が一定の安全水準を想定し，最悪の危険さえ回避できれば，些細な危険は想定内とする設計思想がでてくる。問題は，危険の判断基準が企業によって異なる場合である。それが，市場や監督官庁による評価基準の違いである場合もあり，そうなると当然消費者の認識との隔たりとなって現れてくる。基本となる判断基準は，残念ながら，あくまでも事前の予測を前提条件としたリスクアセスメントによるものであり，様々なリスク形態の中で，絶対的で統一的な指標がないのが実状である。

　以上のように，事前のリスクアセスメントの予測の精度と判断基準の想定は，企業の製品展開戦略上も重要な問題である。

また，事前のリスクアセスメントが予測を前提条件にしているということは，予測できなかった事故の発生もありうるということである。このリスクアセスメントのリスクとは事故の発生可能性であり，消費者の被害を最小限にする設計に結びつけられるべきものである。しかし，製品事故リスクには，設計段階で低減できるリスクに対するもの以外に，製造中に予測できる欠陥や不具合の発生リスクの低減を目的としたものもある。そして，出荷後の事故リスクに関するものもある（以上を整理したものが下記の区分である）。この最後のリスクは，設計・製造段階では予測できなかったリスクに備えるものであるが，どのような事故リスクが想定されるかは通常はわからない。だからといってリスクアセスメントを行わなくてもいいのではなく，せめて事故の拡大防止を図る観点からは，是正措置，すなわちどの程度の事故でなら製造停止にすべきか，リコールすべきかなどの対応の判断基準を予め設定しておく必要がある。この場合のリスクは，事故の拡大を防止すると同時に，企業の迅速な意思決定を可能にするツールの役割を持つ。事故が発生してから，その大きさや頻度をどう受け止めるかを議論するのでは，迅速な事後対応の妨げになるだけではなく，隠匿や不誠実な企業姿勢を露呈する原因ともなり，企業経営上も深刻なダメージを与えることになる。

製品安全のためのリスクアセスメントの概念区分

①設計段階でのリスクアセスメント
　事前に予測されるリスクの洗い出しに始まるリスク低減設計

②製造段階でのリスクアセスメント
　所定の製造プロセス（製造方法，材料の調達，製造場所，製造国や製造環境，製造時期等）下における欠陥発生可能性の予測とリスク低減対策
　　⇒製造・品質保証マネジメントシステム

③販売後のリスクアセスメント
　予測していない事故発生時のリスクの程度の判断基準の事前設定
　　⇒迅速な是正措置（製造停止やリコールなど）のトリガーとなるもの

設計及び製造段階のリスクアセスメントは，各々専門部門で対応する情報収集に基づき行われる。しかし，判断基準自体を誤って設定してしまうと，どんな是正措置を行うべきかの判断や，リコールの実施時期の判断の遅れにつながる。これが，会社にとって大ダメージとなることは，近年の不祥事事例を顧みれば明らかである。また，この判断基準が異なるとグローバル企業にとっては致命的な問題となり得る場合もあり，もはや個別企業の独自の差配の域を超えており，業界規模，国家規模で議論されるべき問題である。

4-4．リスクアセスメント指針類の違い

　製品安全のためのリスクアセスメントの内，販売後の是正措置の判断基準としてのリスクアセスメントの重要性は前述した。ここでは，その判断基準に違いが生じた経緯について，規格や指針類の側面から概観する。

　2000年以降，EUやわが国では増加し続ける製品事故の予防を目的に，製品安全のためのリスクアセスメントが議論されるようになった。[29)30)]

　EUとわが国における製品安全行政の基本姿勢は同じであるが，政策の背景や，発展の違いによって製品の危険性の評価方法に違いが生じている。EU指令では，Nomograph method[31)]，Matrix method[32)]，並びにEUが推奨するRAPEXシステムに基づくものがあり[33)]，わが国にはR-map手法がある[34)]。

（1）製品が危険かどうかの判断基準

　わが国における製品の危険性の判断は，消費生活用製品安全法に定める重大製品事故の報告義務が実質上のトリガーになっている。

　なお，ここでいう製品事故とは，同法第2条4項において，生命または身体に危害が発生した事故，または発生する可能性がある危険があった場合と規定されており，明らかに欠陥によらないと判断される場合は除外される。また，報告義務があるのは重大事故に限るとし，死亡，全治30日以上の傷害，一酸化炭素中毒，または火災と同法施行令第4で定めている。

　すなわち，事業者には，明らかに消費者側の誤使用と判断されるものと軽傷の事故以外は，消費者庁に報告する義務があり，その段階で是正措置の検討対象となる。

第6章　リスクマネジメント規格と社会的責任規格

このように，重大製品事故が発生した場合に報告義務があることから，隠蔽したり，調査しないで欠陥かどうかを独自に判断したりすることが許されないため，危険性の客観的な判断が自ずと実施せざるを得ないのである。

（2）欧米の制度における判断基準

米国にも危険な製品が発覚した場合の報告と是正措置の実施に関する包括的な基本法がある。米国消費者製品安全法（Consumer Product Safety Act（1972）；CPSAと略称される）である。同法においても，危険な製品の発覚時には所管の行政機関（Consumer Product Safety Commission；CPSCと略称される）への報告義務があり，その際に必要な是正措置に対する実施計画が求められる。このときの危険性の判断基準は，同法Section 15の（b）に示される次の4節による。

（1）任意の安全規則の不遵守
（2）法的な安全基準の不遵守
（3）実質的な危害を与える欠陥（substantial risk of injury）がある場合
（4）重大な危害を起こす不合理なリスク（unreasonable risk）が存在する場合

欧州においては，EU製品安全指令（2001/95/EC）により，域内には安全な製品のみが流通するよう各国に義務を課し，事業者には危険な製品があった場合，自国の政府に報告する義務を課している。さらに，重大なリスク（serious risk）がある製品が別国に流通する可能性がある場合は，同EU指令12条に基づき設置された欧州緊急情報共有システム（RAPEX；A Community Rapid Information System）によって域内に公表されることになる。

このEU製品安全指令では，危険な製品を次のように定めている（第2条b, c）。
「耐用年数をも含めて，通常の状態，あるいは常識的に予想しうる状態で使用した場合に，何のリスクも生じないか，またはリスクが生じたとしても最低限度であり，許容範囲である製品を安全な製品といい，危険な製品とはこの定義に合わないものをいう。」

（3）製品事故のリスク区分

製品が危険かどうかの判断基準は，各国の法令で定義されているようにみえ

図表6−7　EU指令（2010/15/EU）による製品事故のリスクレベル

予見できる製品のライフサイクル中に生じる被害の発生確率		Severity of injury（Risk）			
		1	2	3	4
High ▼ Low	>50%	High	Serious	Serious	Serious
	>1/10	Medium	Serious	Serious	Serious
	>1/100	Medium	Serious	Serious	Serious
	>1/1000	Low	High	Serious	Serious
	>1/10000	Low	Medium	High	Serious
	>1/100000	Low	Low	Medium	High
	>1/1000000	Low	Low	Low	Medium
	>1/10000000	Low	Low	Low	Low

出所：EU指令（2010/15/EU）のAPPENDICES, p.64。

る。しかし，いずれも概念的であり，危害の程度と発生頻度の組み合わせで定量的に規定されているわけではない。これでは，危険かどうかの判断に共通的で客観的な理解を得ることは困難である。

　客観的で定量的なリスク評価の方法は，実質的にはリスク区分で表すことができ，関連指針などで具体的に示されている。

　EU指令（2010/15/EU）[26]のAPPENDICESに示される手法のマトリックスは，図表6−7の通りである。

　しかし，経済産業省版リスクアセスメント・ハンドブック（2011）中に紹介されているR-map手法では，縦軸を1年間における事故件数／台数とし，発生頻度を6段階とし，ゼロレベルを10^{-8}としている。

　いずれの手法についても，法的な強制力はない参考手法の位置付けである。しかし，リスクアセスメント自体の実施義務は，製造業者である企業にとって実質的に必須の課題であることは疑う余地はない。

　なお，このように，国によって製品事故のリスクの判断基準（リスクレベル）の同定方法が異なるということは，各レベルでのリスク対策に差があるということである。このような実状を踏まえ，製品安全方策の統一を図るために，総合的な製品安全対策についてISO/CD 10377（2011）が，そして販売後の是正措置（リコール）についてはISO/CD 10393（2011）の議論が始まった。

第6章　リスクマネジメント規格と社会的責任規格

　　販売後の製品に死亡等につながる重大な（serious）リスクがあった場合，迅速かつ有効な是正措置（リコール）が望まれる。しかし，死亡事故などの重大な危険や欠陥問題が対象でない限り，国際共通的な判断基準がない。すなわち，死亡等につながる重大な（serious）リスクがある場合は，どの制度上も早急な是正措置が求められるが，中程度以下のリスクの場合には迅速性もリコールの深さ（実施規模や期間，あるいは期待される回収率などの側面）の判断基準に一致がみられないのが実状である。この是正措置の判断基準については，ようやくISOが議論を開始したところなので，統一的な見解が得られるには時

図表6－8　製品安全の販売前及び販売後の指針の国際的な関係図

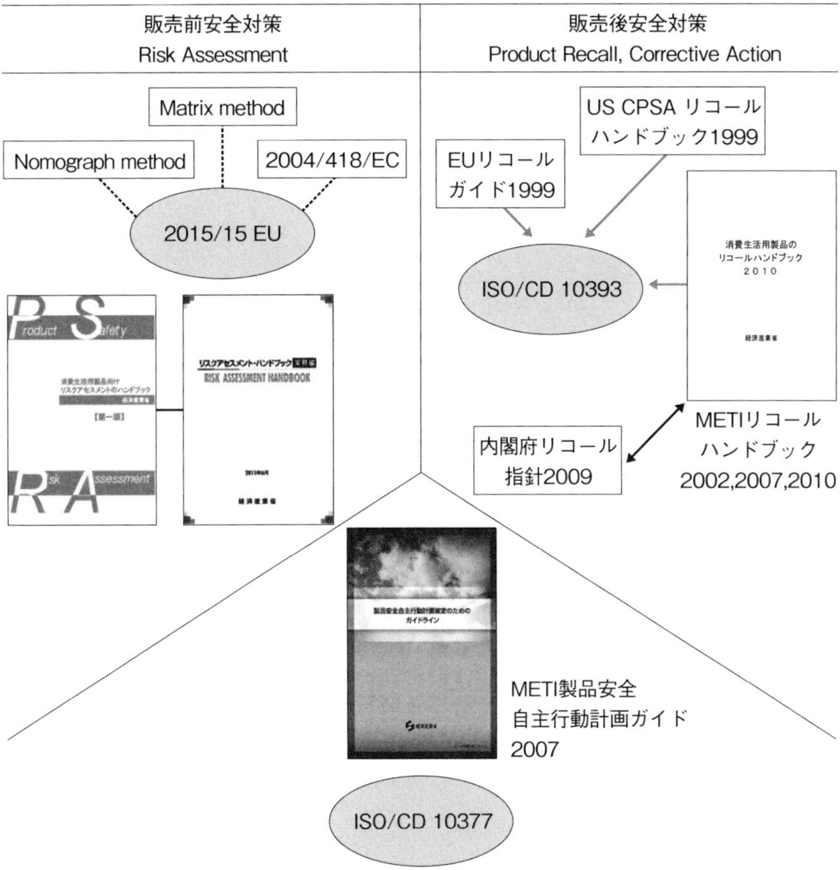

間を要するであろう。

　以上の関係を示すと図表6-8のようになる。販売前の安全対策に関しては，設計・製造上のリスクアセスメント手法を，EU指令がいくつかあげており，日本にも経済産業省のリスクアセスメント・ハンドブック（2011年に改訂）が存在しているが，この分野では国際整合化の計画はない。販売後の安全対策に関しては，日本，米国，EUなどの指針が存在し，現在国際規格化の検討が始まっている。総合的な安全管理指針を国際規格化する議論も始まっている。

5　おわりに

　企業は，社会的責任を果たすために存在しているのではなく，また消費者というステークホルダーの満足を目的として活動しているわけでもない。企業は，収益をあげながら持続可能な成長のための活動を行うのが使命であり，その過程で数々のステークホルダーの期待に応え，マイナスの影響を軽減し，社会的責任を果たすのである。リスクマネジメントは，企業が有する本質的な使命である収益追求活動におけるリスクの軽減と，対消費者などの中核的課題を含んだ社会的責任活動を正常に履行するためのツールであるといえ，図表6-9に示すような関係性の中にあると考えられる。社会的責任の課題には，対消費者だけではなく，環境や地域貢献などのように能動的に働きかけなければならない課題もあり，その履行に常にリスクマネジメントがツールとして存在するわけではないが，ステークホルダーの利害を尊重する上でリスクマネジメントが重要なツールとして機能することだけは確かである。

　消費者とは1つのステークホルダーであり，そこで求められる活動とは消費者の製品危害防止のためのリスクマネジメントであり，同時に顧客である消費者の権利や利益を尊重した説明責任という社会的責任を果たすことである。

　以上のように，リスクマネジメントと社会的責任は，ある場合は同義に，ある場合は次元の異なる存在として，ある場合はいずれかに対する必要または十分条件として相互に関係しているとみることができる。この議論は，ここではあくまでも規格という枠の中でのものである。規格に期待される役割が，放っ

第6章 リスクマネジメント規格と社会的責任規格

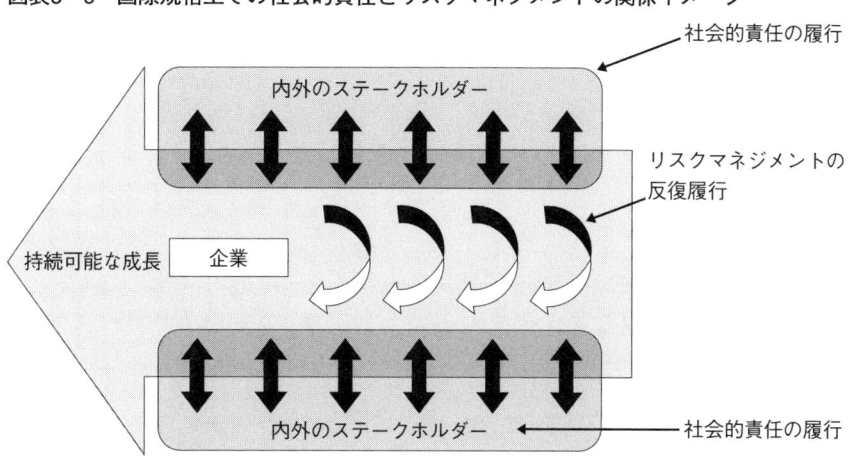

図表6-9 国際規格上での社会的責任とリスクマネジメントの関係イメージ

出所：筆者による概念図。

ておけば無秩序になってしまう世界に一定の標準を与えるものであるなら，リスクマネジメントと社会的責任の国際規格化は意義がある。しかし，社会的責任の問題を，工業品の国際標準化を目的としたISOがすべて網羅できるわけではなく，環境分野に関連マネジメント規格（ISO 14000シリーズ）が存在するだけなのが実状である。中核的課題の1つである対消費者の問題についても，国際規格に着手し始めた段階であり，国際的な観点で消費者の保護を目的とした社会的責任が履行される指針が待ち望まれる。

[注記]
1) ISO/IEC Guide 2 (1996)："*Standardization and related activities – General vocabulary*", Geneva.
2) 通常の国際規格（International Standard）は，個別分野別に設置された専門委員会（TC；Technical Committee）または分科委員会（SC；Subcommittee）において，各国を代表する1つの標準化機関（Member Body）がメンバーとして参画し，1国1投票権のもとに採決される。このシステムは，以下の業務用指針（Directive）で規定されている。
　ISO/IEC Directive Part 1: Procedures for the technical work, International Organization for Standardization, Geneva.
　このISO/IEC 専門業務用指針の2.7承認段階において，最終承認段階の投票について記されており，その2.7.3で投票基準を次のように定めている。

189

a) TC（Technical Committee；専門委員会）またはSC（Subcommittee；分科委員会）の投票したPメンバー（Participation Members；オブザーバー委員ではない正規の委員）の2/3以上が賛成で，かつ
b) 反対が投票総数の1/4以下であること。
3）ここでいう欧州規格とは欧州標準化委員会（CEN；European Committee for Standardization）による地域規格をいい，EN表記で規格番号を表示する。
4）ここでいう英国規格とは，英国における標準化機関である英国規格協会（BSI；British Standards Institution）が作成した規格をいい，BS表記で規格番号を表示する。
5）ここでいうドイツ規格とは，ドイツにおける標準化機関であるドイツ規格協会（DIN；Deutsches Institut für Normung）が作成した規格をいい，DIN表記で規格番号を表示する。
6）ここでいうフランス規格とは，フランスにおける標準化機関であるフランス規格協会（AFNOR；Association Francaise de Normalisation）が作成した規格をいい，工業規格にはNFロゴを，他にマネジメント規格などにはFDロゴを表示する。
7）ここでいうオーストリー規格とは，オーストリーにおける標準化機関であるオーストリー規格協会（Austrian Standards Institute）が作成した規格をいい，ÖNORM表記で規格番号を表示する。ただし，テクニカルレポートの場合はONR表記で規格番号を表示する。
8）ここでいうオーストラリア規格とは，オーストラリアにおける標準化機関であるオーストラリア規格協会（AS；Standards Australia）が作成した規格をいい，AS表記で規格番号を表示する。このAS規格は，ニュージーランド規格協会（Standards New Zealand）と連名で規格を制定することがあり，この場合はAS/NZS表記で規格番号を表示する。
9）工業標準化法（1949）に基づき作成される国家規格であり，作成される国家規格はJapanese Industrial Standardsの頭文字をとってJISといわれる。
10）上田和勇編著（2009）『企業経営とリスクマネジメントの新潮流』白桃書房。
　　筆者（越山）は「第6章　各国関係規格からの現代的リスクマネジメントの形成」（pp.135-187）を執筆しており，ISOからリスクマネジメントの国際規格が制定・公表される直前の段階における各国のリスクマネジメント関連規格の動向について整理している。
11）注2に示す専門業務用指針の箇所を参照のこと。
12）JIS Q0073（ISO Guide 73）（2010）；リスクマネジメント—用語，日本規格協会，解説p.2。
13）Aven, Terje (2011) "On the new ISO guide on risk management terminology", *Reliability Engineering and System Safety*, Vol.96, No.7, pp.719-726.
14）AS/NZS 4360 (2004)；"*Risk Management*", jointly published by Standards Australia International Ltd., Sydney and Standards New Zealand, Wellington.
15）Knight, Kevin W. (2002) "Developing a Risk Management Standard - the Australian Experience", *Safety Science*, 40, pp.69-74.
16）Purdy, Grant (2010) "ISO 31000 : 2009 – Setting a new standard for risk management", *Risk Analysis*, Vol.30, No.6, pp.881-886.
17）上田和勇編著（2009）『企業経営とリスクマネジメントの新潮流』白桃書房。
　　筆者（越山）が担当した「第6章　各国関係規格からの現代的リスクマネジメントの形成」（pp.135-187）に示される図表6－8（pp.170-171）をさらに加筆・修正したものが本書の図表

第6章　リスクマネジメント規格と社会的責任規格

6-3である。
18）ISO 26000（2010）；Guidance on Social Responsibilityの附属書Aには，その他関連するCSR行動規範文書として，United National Global Compact（2000）や，OECD Risk Awareness Tool for Multinational Enterprises in Weak Governance Zones（2006）など計40種が紹介されている。
19）ISO 26000（2010）；Guidance on Social Responsibility.
20）United Nations（UN）（1999）；United Nations Guidelines for Consumer Protection, UN Doc. No.A/C.2/ 54/L.24（as expanded in 1999），New York and Geneva.
　　同ガイドラインのII一般原則2節において，国家は同ガイドラインに基づいて強く消費者政策を推し進めるべきことを規定している。
21）Kennedy, J.F.（1962）"Special Message to the Congress on Protecting Consumer Interest, March 15, 1962", *Public Paper of the Presidents of the United States, John F. Kennedy*, U.S. Government Printing Office, pp.235-243.
22）越山健彦（2009）「第6章　リコールマネジメント」大羽宏一編著『消費者庁誕生で企業対応はこう変わる』日本経済新聞出版社，pp.214-250。
23）越山健彦（2008）「リコール制度の国際比較―日米の消費者用製品のリコールを中心に」『標準化と品質管理』Vol.61，No.11，pp.23-30。
24）EU Council Directive 2001/95/EC of the European Parliament and of the Council of December 2001 on General Product Safety, *Official Journal of the European Communities*, L11, 2002.2.15.
25）*Ibid.*,
26）EU Commission Decision 2010/15/EU of 16 December 2009；Laying down Guidelines for Management of the Community Rapid Information System 'RAPEX' established under Article 12 and of the notification procedure established under Article 11 of Directive 2001/95/EC（the General Product Safety Directive）, *Official Journal of European Union*, 26.1.2010. L22 1-64.
27）"2008 Annual Report on the operation of the Rapid Alert System for non-food consumer products（RAPEX）", European Communities, 2009, Luxembourg.
28）OECD（1983）*Product Safety - Risk Management and Cost-benefit Analysis*, Paris.
　　このOECD文書は，国による製品のリスクアセスメントの評価基準の違いは，製品の輸出入時に発生する非関税障壁となりうるとの視点でまとめられたものである。国家による安全基準作成時におけるリスク判断基準の違いを回避するために，リスクアセスメントの各プロセスにおいて透明性を図り，別国の基準などとの整合性を図ることを推奨している。
29）Benis, H.（1990）*A Product Risk Assessment Nomograph*, New Zealand Ministry of Consumer Affairs.
30）リスクアセスメント実務検討委員会（2011）『リスクアセスメント・ハンドブック実務編』経済産業省。
31）Benis, *op. cit.*
32）European Commission（2005）；Establishing a Comparative Inventory of Approaches and

Methods Used by Enforcement Authorities for the Assessment of Safety of Consumer Products Covered by Directive 2001/95/EC.
33) EU Commission Decision of 16 December 2009 ; Laying down guidelines for the management of the Community Rapid Information System 'RAPEX' established under Article 12 and of the notification procedure established under 11 of Directive 2001/95/EC (the General Product Safety Directive), 2010/15/EU.
34) リスクアセスメント実務検討委員会 (2011)『リスクアセスメント・ハンドブック実務編』経済産業省, pp.11-24。

【執筆者一覧】

上田 和勇（うえだ　かずお）……………… 第1章，編者
　　専修大学商学部教授

伊藤 和憲（いとう　かずのり）……………… 第2章
　　専修大学商学部教授

杉野 文俊（すぎの　ふみとし）……………… 第3章
　　専修大学商学部准教授

高野 仁一（たかの　ひとかず）……………… 第4章
　　専修大学大学院商学研究科博士後期課程

姜 德洙（かん　とくす）……………… 第5章
　　専修大学商学部非常勤講師

越山 健彦（こしやま　たけひこ）……………… 第6章
　　千葉工業大学社会システム科学部
　　金融・経営リスク科学科教授

■ 環境変化とリスクマネジメントの新展開
■ 発行日——2012年3月31日　初版発行　　〈検印省略〉

■ 編　著——上田和勇
　　　　　　うえだかずお
■ 発行者——大矢栄一郎
　　　　　　おおやえいいちろう
■ 発行所——株式会社　白桃書房

〒101-0021　東京都千代田区外神田5-1-15
☎ 03-3836-4781　📠 03-3836-9579　振替 00100-4-20192
http://www.hakutou.co.jp/

■ 印刷・製本——藤原印刷

© Kazuo Ueda 2012 Printed in Japan　ISBN 978-4-561-26584-9 C3334

本書のコピー，スキャン，デジタル化等の無断複製は著作権法上での例外を除き禁じられています。本書を代行業者等の第三者に依頼してスキャンやデジタル化することは，たとえ個人や家庭内の利用であっても著作権法上認められておりません。

JCOPY 〈(社)出版者著作権管理機構　委託出版物〉
本書の無断複写は著作権法上の例外を除き禁じられています。複写される場合は，そのつど事前に，(社)出版者著作権管理機構（電話 03-3513-6969，FAX 03-3513-6979，e-mail：info@jcopy.or.jp）の許諾を得てください。

落丁本・乱丁本はおとりかえいたします。